年			
昭和十八（一九四三）	ガダルカナル島奪取される	学徒出陣はじまる	伊が無条件降伏、カイロ会談
昭和十九（一九四四）	特攻隊出撃はじまる	学童疎開はじまる	ノルマンディー上陸作戦
昭和二十（一九四五）	原爆投下、ポツダム宣言受諾	ラジオでの天皇放送	ヤルタ会談、独が降伏

太平洋戦争終戦

戦後

年			
昭和二十（一九四五）	GHQの占領政策はじまる	闇市が各地に登場	国際連合成立
昭和二十一（一九四六）	日本国憲法公布	ソ連、中国からの引揚者ぞくぞく	チャーチル「鉄のカーテン」演説
昭和二十三（一九四八）	東京裁判判決		イスラエル建国
昭和二十五（一九五〇）	レッドパージはじまる	特需景気	朝鮮戦争はじまる
昭和二十六（一九五一）	日米安全保障条約調印		サンフラ[illegible]講和会[illegible]
昭和二十九（一九五四）	被災した第五福竜丸が帰港	映画『ゴジラ』公開	
昭和三十一（一九五六）	憲法調査会発足、国際連合加盟	「もはや戦後ではない」	日ソ[illegible]
昭和三十五（一九六〇）	新安保条約の強行採決	安保闘争	
昭和三十九（一九六四）	東京オリンピック開催	東海道新幹線開業	日本[illegible]OECD加盟
昭和四十七（一九七二）	沖縄県本土復帰		日中国交回復
…	…	…	…

半藤先生の「昭和史」で学ぶ非戦と平和

戦争の時代

1926〜1945 上

満洲事変／二・二六事件／日中戦争

半藤一利

シリーズ「半藤先生の『昭和史』で学ぶ非戦と平和」は、二〇二一年に亡くなられた半藤一利さんの昭和史に関する四冊の著書『昭和史 1926-1945』『昭和史 戦後篇 1945-1989』『B面昭和史 1926-1945』『世界史のなかの昭和史』をそれぞれ二分冊にして全八巻にまとめ直し、若い読者にも読みやすく再編集したものです。小学五年生以上で学習する漢字にはふりがなをふり、各章冒頭にポイントとキーワードをまとめ、巻末には新たに解説を加えました。歴史学習に役立つよう巻末に索引も加えています。

本書『戦争の時代 1926-1945 上』は、平凡社ライブラリー『昭和史 1926-1945』（二〇〇九年、平凡社）を底本に再編集しました。

半藤先生の「昭和史」で学ぶ非戦と平和

戦争の時代 1926~1945〈上〉 目次

半藤先生の「昭和史」で学ぶ非戦と平和

戦争の時代 1926~1945〈下〉目次

はじめの章

昭和史の根底には〝赤い夕陽の満洲〟があった

日露戦争に勝った意味

この章の
ポイント

一九〇五（明治三十八）年、日本は当時五大強国の一つと言われていた帝政ロシアとの戦争に勝利し、近代国家となったことを世界に示しました。ここで日本人は、自分たちは世界の中でも堂々たる強国なのだと自惚れ、世界中を相手にする戦争をはじめ、その後の四十年で国を滅ぼす結果となってしまいます。この四十年のはじまりは、ポーツマス条約締結により、満洲（現在の中国の東北地方）において多くの利権を得たことが大きく関係しています。

キーワード

日露戦争／南満洲鉄道／韓国併合／孫文／蔣介石／辛亥革命／第一次世界大戦／対華二十一カ条の要求／ワシントン海軍軍縮条約／日英同盟の廃棄

◆国家興亡の四十年

嘉永六年（一八五三）に、いわゆるペルリの黒船が突然日本にやってきて、開国を迫ってから百五十年がたちました。すなわち「近代日本」がはじまって百五十年というわけです。

しかし私はむしろ、ペルリが来て十二年後、慶応元年（一八六五）に、京都の朝廷までが日本を「開国する」と国策を変更した、その時を近代日本のスタートと考えたほうがいいと思っています。

それまで朝廷は、「開国などとんでもない、外国人は追っ払え」という「攘夷」の政策をとっていたのですが、徳川幕府がアメリカの大砲におそれをなして国を開いてしまった。それがけしからんというので、薩摩や長州の「勤皇の志士」といわれる人たちが、幕府を倒さなくてはならない、攘夷を貫かねばならない、といわゆる明治維新の大騒動になったわけです。ところがそうはいっても結局、日本の力では外国人を追っ払うことはできない、国を開いて世界の国と付き合わざるを得ないと京都の朝廷も決定せざるを得なくなった、「攘夷のための開国」というわけです。これが慶応元年なんですね。日本はこの時、国策として開国を決め、そこから新しい国づくりといいますか、世界の文明と直面しつつ自分たちの国をつくっていかなければならなくなりました。

それから三年後、慶応四年が明治元年になるわけですから、すぐに明治の時代がはじまって、人びとが一所懸命に国づくりをはじめます。世界の国々に負けないように、あるいは世界の列強の植民地にならないようにと、いろいろな解決せねばならない問題をあとにまわして、とにかく急いで、いってみれば少々の無理を承知でいくらか背伸びした国家建設を懸命にやったわけです。

それがある程度うまくいきまして、つまり植民地にならずに日本は堂々たる近代国家をつくることに成功したわけです。

そのころ、東南アジアの国々はほとんど、ヨーロッパやアメリカなど強い国の植民地になっていました。たとえばインド、ビルマ（現在のミャンマー）、シンガポールはイギリスの、香港は植民地ではないんですがイギリスが強引に中国から百年間借り、今のインドネシアはオランダの、ベトナムなどのインドシナ三国はフランスの植民地で、フィリピンはアメリカの半植民地、というふうに。ところが日本だけは、折からアフリカのほうで戦争が起こって欧米列強がアジアから自分の国に戻らなくてはならなくなったりの幸運もあって、植民地にならずにすみました。それは別にしても、明治の日本の人たちが、とにかく一人前のしっかりした国をつくろうとがんばったことは確かなんです。

その成果が表れて、明治二十七、二十八年（一八九四、九五）の〝眠れる獅子〟といわれたアジア随一の強国清国との戦争（日清戦争）に勝ち、さらに明治三十七、三十八年（一九〇四、〇五）、日本は当時、世界の五大強国の一つといわれていた帝政ロシアと戦争（日露戦争）をして、かろうじて勝つことができた。そして世界の国々から、アジアに日本という立派な国があることを認めてもらうことができました。つまり国を開いてからちょうど四十年間かかって、日本は近代国家を完成させたということになるわけです。

さてここから大正、昭和になるのですが、自分たちは世界の堂々たる強国なのだ、強国の仲間に入れるのだ、と日本人はたいへんいい気になり、自惚れ、のぼせ、世界じゅうを相手にするような戦争をはじめ、明治の父祖が一所懸命つくった国を滅ぼしてしまう結果になる、これが昭和二十年（一九四五）八月十五日の敗戦というわけです。

一八六五年から国づくりをはじめて一九〇五年に完成した、その国を四十年後の一九四五年にまた滅ぼしてしまう。国をつくるのに四十年、国を滅ぼすのに四十年、語呂合わせのようですが、そういう結果をうんだのです。

もうひとついえば、敗戦国日本がアメリカに占領されて、植民地ではないのですが、なんでもアメリカの言いなりになる苦労の七年間を過ごし、講和条約の調印を経て新しい戦後の国づくりをはじめた、これは西暦でいいますと一九五二年のことです。

さらにさまざまなことを経てともかく戦後日本を復興させ、世界で一番か二番といわれる経済大国になったはずなんですが、これまたいい気になって泡のような繁栄がはじけ飛び「なんだこれは」と思ったのがちょうど四十年後、同時に昭和が終わって平成になりました。

こうやって国づくりを見てくると、つくったのも四十年、滅ぼしたのも四十年、再び一所懸命つくりなおして四十年、そしてまたそれを滅ぼす方へ向かってすでに十何年過ぎたのかな、という感じがしないわけではありません。いずれにしろ、私がこれから話そうという昭和前半の時代は、その滅びの四十年の真っただなかに入るわけです。

そのためにはまず、世界の五大強国の一つである帝政ロシアを討ち破って一応「近代日本」が完成した結果、日本が何を得たかということを考えなくてはなりません。つまり建設の四十年間で日本が得たものについてあらかじめ考えておくと、あとの四十年が非常にわかりやすくなる。そこで、日本が日露戦争に勝って何を得たかを詳しくみてみます。

◆国防最前線としての満洲

帝政ロシアはご存じの通り北の国です。冬は凍ってしまうシベリアには自由に出入りできる港がない、そこで不凍港を欲しがって、現在の中国の東北、満洲――ここはまさに清国皇帝の発祥の地であり、当然のこと当時は清国、現在の中国の領土なのですが――へ強引に乗り込んで、武力をもって清国と条約を結び、満洲におけるさまざまな権益を奪いました。具体的にいいますと、遼東半島にある旅順・大連という大きな港を自分のものにしたのです。日露戦争というのは結局、このように帝政ロシアがどんどん南に下りてきて、旅順・大連を清国から強引にもぎ取り、さらに朝鮮半島へ勢力を広げてきたことにたいへんな脅威を抱いた日本が、その南下を食いとめんと、自存自衛のため起こったものです。それに勝ったおかげで日本は、ロシアとの条約、さらには清国と「満洲ニ関スル条約」などを結び、諸権益を得ます。

　ひとつが関東州、つまり遼東半島のほとんど全部を清国から借り受けて、自由に使える権利をもらいました。さらに南満洲鉄道です。長春（のちに新京となる。現在は長春）から旅順までの鉄道経営権をもらいます。三番目は安奉鉄道という、国境線の安東（現在の丹東）から奉天（現在の瀋陽）間に敷設した軍用鉄道の経営権です。これで満洲南部の鉄道の経営権をほとんど得たことになります。さらに南満洲鉄道に属する炭鉱の採掘権を得ました。のちには清国との協定で鴨緑江右岸地方の森林の伐採権も得ます。最後に、ここが大事なところですが、権利を得た鉄道の安全を守るために軍隊を置く、つまり鉄道守備の軍隊駐屯権を得ました。――日露戦争に勝って、とにもかくにもそれまでまったく関係をもたなかった満洲に日本が足を踏み入れ、軍隊を派遣するスタートになりました。

　この結果、ひとつはロシアのちのソビエト連邦が諸権利を奪い返しに再び南下してくる可能性があるゆえ、国防のための最大の防衛線――のちに日本の「生命線」と言われます――日本本土を守るための一番先端の防衛線を引くことができた、生命線としての満洲ができたことになります。はじめは鉄道や住民を守るため駐屯した軍隊は一万人くらいで（最後は七十万人まで増えます）、これがもっぱら関東州の旅順・大連に司令部を置いたので、のち大正八年（一九一九）から「関東軍」と呼ばれるようになります。日本はこの関東軍を次第に増やす方策をとるようになる。

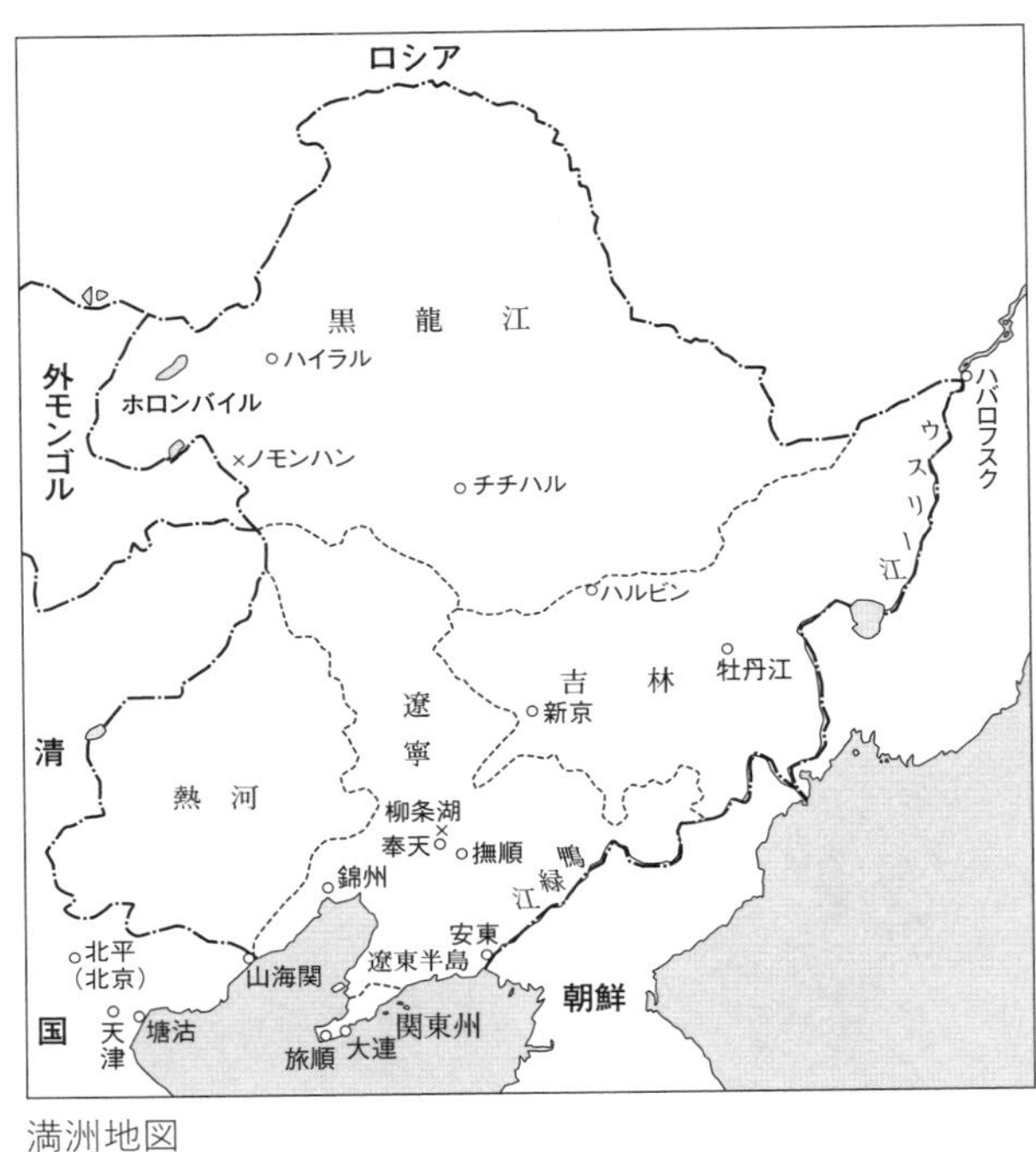

満洲地図

さらに二つ目に、資源の乏しい日本はそれまで鉄や石油、錫や亜鉛などをもっぱらアメリカと、イギリスなどの植民地である東南アジアの国々からの輸入に頼っていましたが、もうその厄介にならなくてもいい、自力で生きる道ができあがった、と大いに期待した、つまり日本本土を守るための資源供給地としての満洲が注目されたのです。しかし実際、満洲には鉄や石炭はたくさんあったのですが石油はありませんでした。もしあったとしたら、昭和史はずいぶん変わったと思いますが、残念ながら石油だけはどうしても出なかった。しかし他の資源は満洲でかなり生産できたので、英米への完全依存からいくらかは脱却して日本帝国が堂々と世界の一強国として列強に伍していくだけの力をもつことができました。こうして日本が強国であるためには、満洲は必要不可欠な土地になったわけです。

また三つ目として、人口がどんどん増えて問題が起こっていた狭い日本には、人口流出先としても満洲が重要視されました。明治の終わりくらいから盛んに移民政策がとられるようになり、多くの日本人が海を越えて満洲へ渡っていきました。昭和になりその数は激増します。この人たちは、昔から満洲にいた満洲人、あるいは蒙古人、朝鮮人といった人たちが開拓して住んでいた土地を強制的に奪う、またはものすごく安い金で買い取ったりして、恨みをかうことになりました。のち、昭和十一年（一九三六）には広田弘毅内閣が「二十年間百万戸移住計画」として、百万戸を満洲へ送り込んでしまおうとしました。そうなると、先住の人たちの土地を奪わないことには開拓村などできるはずがありません。実際はその間に戦争が起きたりして百万戸には届かなかったのですが、最初は農家の次男坊三男坊、日本では食い詰めてひと旗あげようという人たち、弾圧により日本にいられなくなった転向したコミュニストや社会主義者などなど、昭和にかけてあらゆる人たちが満洲に移住し、四十万人から五十万人まで移民が増えたことは確かです。

このような三つの大きな役割をもつ満洲を、日露戦争に勝ったことによって日本は手に入れ、明治の終わり以降、これをどうやって経営していくかが政治の中心課題になっていきました。日本は、小さく細長い、つまり海岸線が長い島国ゆえに、敵国が本土上陸して攻めて来たら防ぎようがなく、あっという間にやられてしまうという恐怖感が絶えずあります。それを防御するには海を使わねばならない、そのためには海の向こうの土地を防衛線にしなくてはならないという考えが常にありました。日本本土を防衛するために朝鮮半島に日本の軍隊をおいてしっかり守ろうということになる、朝鮮半島を防衛するためには地続きである満洲を守らねばならないのです。そこで満洲での自分たちの権利をしっかり守り、うまく利用するために、明治四十年（一九〇七）頃に満洲経営がはじまるのと同時に、間にある朝鮮半島——当時の李氏朝鮮は退廃して外国の勢力が好き放題にする、政治も軍隊もあやふやな状態でした——に対する圧迫も自然と強くなり、ついに明治四十三年（一九一〇）に併合してしまうという強硬手段に出たのです。ただし国際的には認められていましたが。ということで、日本の政策は北へ北へと向かい、同時に国力も確実についていきました。

◆芥川龍之介『支那游記』から

ところが考えてみると、帝政ロシアとの戦争で勝ったからといって日本がロシア・清国間で結ばれた条約を勝手に変え、満洲の権益をそっくりもっていくのはけしからんと清国が思うのは当然です。反対の声があがる。それをまた、強国意識のもとに威勢のいい日本人が清国を強圧をもって抑えつけようとする。

一方、明治の終わり頃から日本に留学して大いに学んでいた清国の知識人や若い軍人らは、祖国の現状を見て、このようなだらしのない国であっては世界の食い物にされてしまう、独立国家になれないと、清王朝を倒し自分たちの政府をつくる運動を起こしていきます。つまり、イギリス、フランス、ドイツ、ロシア、アメリカ、オランダその他、世界の列強が入ってきては好き放題して権益を奪っている、同時に国内では昔からの「軍閥」という山賊の親分みたいなのが方々にたくさんいて、国の統一など目もくれず自分たちの勢力をのばすことしか考えずにさながら日本の戦国時代のように勢力争いを続けている。そういう状態を憂えた知識人たちによる新国家建設のための革命運動が起きていたのです。

そして日本が朝鮮を併合し、満洲の権益を自分たちのものにしてその経営をはじめたころ、清国では日本で学んだこともある孫文や、蔣介石ら有能な軍人などによる辛亥革命が起きます。日本でいう大正元年（一九一二）、清朝はついに滅び、中華民国という新しい国が出来上がったわけです。ですから日本が朝鮮半島と満洲を経営しはじめたときに、時を同じくして隣の大国・中国が新しい国づくりをはじめたということになります。

その統一の動きに軍閥が反発して中国の方々で内戦が起きますが、それを中華民国軍が次から次へと討ち破って、新しい国づくりに邁進します。日本はそれを見て、困った事態になったと思ったでしょう。それでなくても満洲をめぐって清朝政府と揉めていたのですから。その清国とまったく関係ない中華民国にすれば、それこそ無関係の日本が満洲の諸権益を奪っているのですから、これを許せないことと思うのはごく自然です。当然将来における日中の衝突が予想されることになります。

そこへちょうど一九一四年（大正三年）、ヨーロッパで第一次世界大戦が起きてしまいます。ドイツを相手としてイギリス、フランス、ロシアが戦った大戦争で、アジアの国々はあまり関係ありませんでしたが、日本はこれをチャンスとみました。ヨーロッパ列強の目がアジアから完全に離れたからです。日本はこれをとらえて大正四年（一九一五）、まだ弱体な中華民国政府に対して強引な要求をつきつけます。簡単にいいますと、清国から奪ってきた満洲のいろんな権利、つまり南満洲鉄道や安奉鉄道の経営権、関東州の租借その他、すべての特殊権益の期限を百年くらい延ばすことなど、合わせて二十一カ条の要求を武力で無理やり認めさせました。これを「対華二十一カ条の要求」といいます。こういうことをするとふつう「やりすぎだ」と言ってくるヨーロッパの列強も、自分たちの戦争でそこまで手が回りませんでした。これは中国が内戦を続けながらも一つの国としてまとまってくるにつれ、日本への怒りを募らせることになります。またその怒りが増すにつれて、それをバネにして、中華民国も国としてだんだん強くなってくるのです。そして中国の民衆も目覚め、国家というものを真剣に考えるようになってくると、日露戦争に勝ったからといって急に威張りだしたアジアの島国、日本に対する反感がいやでも大きくなってきます。

　中国北部一帯に爆発的に広がった反帝国主義運動の義和団事件（一八九九～一九〇一年、北清事変ともいう）以降、各強国は中国各地に駐屯軍を認めさせ、上海に特殊権益をもつ租界をつくるなどしていたので、中国の民衆はそれまで欧米の列強たちに怒りをずいぶん感じていたのですが、この頃から（大正のはじめごろ）、それは主として日本に向いてくるようになりました。大正八年（一九一九）には、対華二十一カ条の要求を中国歴史上はじまって以来の屈辱的な出来事として怒りを結集させ、北京の学生が中心となって日本に対する猛烈な抗議運動を行ない、それを日本が弾圧するという事態にもなりました。いわゆる五・四運動と呼ばれる事件です。

作家の芥川龍之介（一八九二―一九二七）が大正十年（一九二一）三月下旬から七月下旬まで約百二十日間、新聞社の特派員として中国大陸を旅行し、上海、南京、漢口、長沙、洛陽、北京、大同など方々を訪ねてルポルタージュを書きました。風景を眺め、人情に触れ、史蹟を訪れ、美味いものを食ったりしながらの旅なのですが、このなかで、意識したわけではないのにどうしても目に触れた、中国民衆がいかに日本人を嫌い、反日運動をやっているかというそのようすを具体的に書いています。杭州の西湖というところを小さな舟に乗ってめぐりながら蘇小小という唐の時代の美人の墓をお参りした時のことです（以下、『支那游記』より）。

「……この唐代の美人の墓は、瓦葺きの屋根をかけた、漆喰か何か塗ったらしい、詩的でも何でもない土饅頭だった。殊に墓のあるあたりは、西冷橋の橋普請の為に、荒され放題荒されていたから、愈索漠を極めている。（中略）掘り返された土の上に、痛々しい日の光が流れている。おまけに西冷橋畔の路には、支那の中学生が二三人、排日の歌か何かうたっている」

あっさり書いていますが、その頃、中学生までが大きな声で「日本よ出ていけ」というような反日の歌を歌っていたのです。また蘇州では、驢馬に乗って天平山白雲寺へ行きます。

「天平山白雲寺へ行って見たら、山によった亭の壁に、排日の落書きが沢山あった。『諸君儞在快活之時、不可忘了三七二十一条』と云うのがある」

諸君、どんなに愉快な時であろうと、二十一カ条を忘れさるべからず。これは先ほどの対華二十一カ条のことですね。さらに、

「『犬与日奴不得題壁』と云うのがある。（中略）更に猛烈なやつになると、

『莽蕩河山起暮愁。何来不共戴天仇。恨無十万横磨剣。

殺尽倭奴方罷休。』と云う名詩がある」

犬と日本人だけは、壁に文字を書くことは許されない。今や中国の山や河は猛り狂っている。それを見ていると自ずから愁いが起こってくる。なぜ中国にやってきたのか、ともに天をいただかざる敵が。恨みをもった十万の民衆が剣を磨いていて、日本人を殺し尽くして初めて休むことができる、というようなことが書いてある。そして、

「聞けば排日の使嗾費は、三十万円内外とか云う事だが、この位利き目があるとすれば、日本の商品を駆逐する上にも、寧ろ安い広告費である」

このへんが芥川さんのなかなかおもしろいところで、どこで聞いたか知りませんけれども、こうやって手を回して皆に書かせたり排日の運動をさせている金が三十万だと、するとこのくらい効果があるのだから、日本の商品をボイコットするよりはよっぽど安い広告費であるというわけです。

さらに長沙というところへ行って学校を参観しています。

「……古今に稀なる仏頂面をした年少の教師に案内して貰う。女学生は皆排日の為に鉛筆や何かを使わないから、机の上に筆硯を具え、幾何や代数をやっている始末だ」

要するに、排日のために日本の商品である鉛筆を一切使わない。机の上に硯を置いてそれに墨をすって筆でもって幾何や代数をやっていると。

「次手に寄宿舎も一見したいと思い、通訳の少年に掛け合って貰うと、教師愈仏頂面をして曰、『それはお断り申します。先達もここの寄宿舎へは兵卒が五六人闖入し、強姦事件を惹き起した後ですから』！」

この兵士が日本人だとは書いていないのですが、芥川はそう思ったに違いなく、女学校の寄宿舎に乗り込んできて残酷なことをしていったと非難しているのです。

つまり、中国では国家づくりがまだ完成していない時にこれくらい排日運動が盛んで、日本に与えた満洲の権益を返せという声がぐんぐん強くなっていった、それが大正から昭和はじめにかけての状況でした。

◆情勢悪化の昭和の開幕

同時に、大正の終わり頃になると、蔣介石率いる中華民国の国民党軍が非常に強くなり、方々にいる軍閥どもを次々にたたきつぶして、もっとも仇敵であった中国共産党軍との戦いにも勝ち、共産党軍は「長征」といわれる大陸縦断の強行軍で南から北へ逃げていきます。そして国民党軍は南から北へ向かって進撃を開始、いわゆる「北伐」が大正十五年（一九二六）にはじまります。大正十五年は昭和元年のことで、蔣介石の軍隊はこの頃、北京にまで達しました。つまり日本が最も危険視していた中国の国家統一が完成に近づき、内戦も終結しつつあった時に、大正が終わったのです。一方、帝政ロシアではいわゆるロシア革命が起こりソビエト政権が樹立、社会主義国家の国づくりが大正六年（一九一七）にはじまっていました。

要するに昭和というのは、中国が統一に向かっているのを怖れると同時に、日本が最大の仮想敵国とみていたロシアも新しい国づくりをはじめるといった、日本を取り巻く環境がどんどん悪くなっていく、国際情勢が激動しはじめた時にスタートしたわけです。しかし、強国になった日本を保持し、強くし、より発展させるためにはどうしても朝鮮半島と満洲を押さえておかなければならない。未来永劫に。それにはどんどん悪化しつつある状況にどう対応すべきか、問題をどう処理すべきか、これが日本にとっての大使命であり、昭和の日本人がもっとも解決を急がされる命題としてつきつけられた。ここから昭和がはじまるのです。

昭和史の諸条件は常に満洲問題と絡んで起こります。そして大小の事件の積み重ねの果てに、国の運命を賭した太平洋戦争があったわけです。とにかくさまざまな要素が複雑に絡んで歴史は進みます。その根底に〝赤い夕陽の満洲〟があったことは確かなのです。

余談というか、大正時代の大事な話を付け加えておきます。

第一次世界大戦で日本は、関与せず知らん顔していればできたのですが、あとになって分け前が欲しくなって突然参加しました。参加の理由は、アジア方面でドイツの軍艦が暴れているのをなんとかしてくれと同盟国のイギリスに頼まれたから、ともいわれますが、結局その後ドイツが降参し、日本は戦勝国側になる。そして戦勝側二十七カ国が参加して一九一九年にヴェルサイユ条約が結ばれ、日本はドイツの権益であるマーシャル諸島など南洋諸島を委任統治地としてそっくりもらって、またいい調子になってしまう。

ところが大正三年（一九一四）から七年という長期間の戦いで、勝敗にかかわらずヨーロッパの参戦国は国力資産をなくし、疲弊してしまいました。このままでは世界はどうにもならなくなるというわけで現在の国際連合につながる国際連盟がうまれ、これからはもっとしっかり国際協調しましょう、そのためには軍備を制限しましょうという声が盛んになります。

そこでイギリスが中心となってアメリカと手を組み、フランスなど戦勝国がワシントンに集まって軍縮条約に向けて動き出します。これがワシントン海軍軍縮条約です。日本は大正十一年に正式に調印しました。有名な五・五・三の比率といわれるもので、主力艦（戦艦・空母）の比率として米英の五に対して日本は三でいきましょうということです。

日露戦争で日本海海戦の大勝利を経て世界一流の海軍国となった日本にとっては、これが不愉快でしょうがない、しかし世界平和のためにはそのほうがいいという先見の明ある海軍軍人加藤友三郎が全権大使で行きまして、「国防は軍人の専有物にあらず、戦争もまた国家総動員してこれに当たらざれば目的は達しがたし。……平たく言えば、金がなければ戦争はできぬということなり」と言い切り、この比率を認めるわけです。その決断は非常によかったのですが、ただその前に、アメリカの実に巧みな外交作戦が日本を動かして、日英同盟という日本とイギリスが明治三十五年（一九〇二）に結んだ中国などにおける互いの権利の保護などを取り決めた同盟が廃棄されます。これが日本のその後の外交にたいへんな影響を及ぼすことになります。それまで日本とイギリスは非常に仲の良い国だったのですが、その関係が切れて、日本は独自の外交の道を歩いていくことになる。

このワシントン軍縮条約と日英同盟の廃棄を伴った世界体制が、昭和に入ってからいろいろと大問題になるのです。あらかじめ記憶にとどめておいてください。

第一章

昭和は〝陰謀〟と〝魔法の杖〟で開幕した

張作霖爆殺と統帥権干犯

この章のポイント

一九一一(明治四十四)年に中国で起こった辛亥革命後、満洲に大軍閥として君臨していた張作霖。当初利害が一致していたため仲良くしていた日本の陸軍は、彼が言うことを聞かなくなると、彼の乗った列車を爆破してしまいます。世界的な大問題になってしまうため、昭和天皇が田中義一首相に調査を命じますが、陸軍出身の田中首相は軍を庇い調査を行ないません。怒った天皇は田中首相を辞職させてしまいます。ここから歯車が狂い出していきます。

キーワード

張作霖爆殺事件／西園寺公望／田中義一／統帥権干犯／世界恐慌／ロンドン海軍軍縮条約／浜口雄幸／東郷平八郎／伏見宮博恭／北一輝

◆張作霖爆殺の犯人は？

いよいよ昭和に入ります。

よく「満洲某重大事件」といわれますが、張作霖*1という中国の大軍閥の親玉が乗った汽車を、日本軍が爆破して暗殺したという、いわゆる張作霖爆殺事件について話します。

前回にふれたように、明治四十四年（一九一一）、中国では孫文らによって辛亥革命が起こり、清国が倒れて共和制が敷かれます。その翌年には南京を都として中華民国がつくられました。この時から中国が、新しい国家として登場し、日本のとるべき政策に大きく影響してくるようになります。

といっても簡単に統一されたわけではなく、方々にいた軍閥がぶつかり合い、国民党軍と戦ったり、また国民党軍内部で勢力争いがあったり、さらに少し後に成立した共産党軍が国民党軍と衝突したりで抗争が絶えず、大正時代に入っても依然として中国は混乱を続けていました。それも大正九年（一九二〇）くらいになりますと、孫文を大将とする広東軍と蔣介石を大将とする江西軍とが一緒になって「国民政府軍」として大勢力をもち、次から次へと大小の軍閥を叩きつぶして統一へと向かっていきました。

その頃、東北地方つまり満洲の大軍閥として君臨していたのが張作霖でした。満洲には小軍閥はたくさんありましたが、全体はこの張作霖がおさえていたのです。やがて張作霖の東北軍と国民党軍が対峙しはじめるのですが、日本としては、満洲をなんとか勢力下に置きたいために、張作霖をうまくおだてて言うことをきくようにしておこうとさまざまな工作をします。また張作霖も、国民党軍と戦うのに日本軍の後押しを期待しましたから、ここで一種の蜜月時代が少し続きました。すると張作霖はいい気になって大元帥と自称して北京まで進攻し、日本軍の後ろ盾で北京政府までつくってしまいます。

ところが、威張り出したこの大元帥がだんだん日本の言うことをきかなくなってきたのです。こういう時、つまり役に立たなくなった時点で張作霖を亡き者にした方がいい、さもないと満洲の安寧は保てない、と日本は大正十年（一九二一）、原敬内閣の時に方針を決めていました。

昭和三年（一九二八）、蔣介石の国民党軍と衝突して敗れた張作霖が、北京から逃げてくるという情報が入ります。ここで従来通り張作霖を後押ししてまともに国民党軍と衝突するのは非常に危険だろう、むしろ張作霖を排除して満洲を日本軍自ら統治するかたちにしてしまおう、という計画が陸軍で密かに練られます。そんな折、張作霖が北京から奉天（現在の瀋陽）へ逃げ帰ってくることがはっきりし、ならばその列車を爆破しようと関東軍の参謀らは考えました。

『昭和天皇独白録』という、昭和天皇が自ら昭和時代を語った本がありますが、これは冒頭に張作霖爆殺事件をもってきています。つまり、昭和という大動乱がはじまる基はこの事件だったわけです。

六月四日のことでした。まさに張作霖の列車が奉天付近に辿り着いた時に、線路に仕掛けられた爆薬が爆発してあっという間に列車が燃え上がり、張作霖は爆殺されてしまいます。もちろん関東軍は、自分たちの陰謀でやったことにはせず、現場で死骸として見つかった阿片中毒の中国人二人のしわざにするつもりでした。ところが、ずさんな計画はすぐにばれてしまうのです。というのもこの二人は前日、奉天の銭湯で「明日おれたちはでかいことをやるんだ」などと吹聴し、多くの人た

張作霖爆殺現場

ちがそれを聞いていた。この連中が自分たちで死ぬようなことをするはずがない、金をもらってやったに違いない、では誰がやったんだということになると、後ろに関東軍がいるのはすぐに察せられるわけです。

張作霖暗殺の元凶が日本軍だとばれると世界的な大問題になりますから、関東軍は「われわれは関知しない」と押し通します。しかし現場の状況などから日本軍の謀略であることが徐々に明らかになってくる。しかし、決定的な証拠はありません。軍閥の大将である張作霖は、対立する軍閥や敵の国民党軍などに狙われる理由はたくさんありますから、阿片中毒の二人がその方面から金をもらってやった、とごまかしはいくらでもきいたのです。

ただ常識的に考えるとどうもおかしい。それに最初に気づいたのは、元老の西園寺公望という人でした。元老というのは、天皇陛下の側近でいろんな相談にのる、内閣総理大臣経験者のことです。「西園寺さん」とよばれて明治時代に活躍した彼は、昭和に入ってからも現役で、ふだん静岡県興津に住んでおり——坐漁荘といわれたその立派な家は現在、愛知県犬山市の明治村に移築されています——東京へ出てきては、一九〇一年（明治三十四）生まれで当時二十六歳という若さの昭和天皇にいろいろ助言をしていたのですが、その西園寺さんが、「さては陸軍がやったな」と感づきました。「けしからんことだ、世界的に公にはできないが、国内ではきちんとケリをつけておかないと将来的にいい結果をもたらさない」と上京して、当時の内閣総理大臣で元陸軍大将の田中義一を呼びつけ、「政府としてこの問題をしっかり調べ、もし犯人が日本人であるということになれば厳罰に処さねばならない」と申し渡します。

ところが田中首相は、「わかりました」と言うだけで一向に実行しようとしない。西園寺さんが急かしますと、「十一月十日の天皇御即位の大典が済んだ後で、この問題について陛下に申し上げるつもりだ」と答えます。西園寺さんは、「内閣総理大臣であると同時に陸軍の親玉の立場でもあるからといって、そのようなごまかしを言ってはいけない、早く報告するように」と再びせっつきました。

田中首相は渋ったものの、たびたび急かされたため、事件から半年以上たった十二月二十四日になってようやく天皇に会いに行き、「この事件は世界的にも大問題ですので、陸軍としては十分に調査し、もし陸軍の手がのびているということであれば、厳罰に処するつもりでございます」と述べ、天皇は「非常によろしい。陸軍部内の今後のためにもそういうことはしっかりやるように」と答えました。

◆天皇陛下大いに怒る

年が明け、一日も早い報告を待っている天皇は、侍従長や侍従武官長らに盛んに訊ねますが、田中首相はまた知らん顔をしている。そうこうしているうちに、真相はどんどんばれてきます。奉天の林久治郎総領事が事件を調査し、銭湯での証言なども出てきて、陸軍の謀略ということがより具体的になってきますし、首謀者は関東軍参謀の河本大作大佐であること

河本大作（1883 - 1953）

もはっきりしてきました。何人かの中国人に彼が機密費を渡し、もっとも金に困っていそうな阿片中毒の男二人を使って列車を爆破させたように装わせ、同時にその二人をも殺した、またやらせた中国人は奉天から逃した、というような経緯が明らかになってきました。

実は、今となると証拠物件が残っているのです。たとえば昭和四年七月二十三日付、陸軍大臣を辞めた直後の白川義則から、立憲政友会の大物で、やはり鉄道大臣を辞めた小川平吉に宛てた書簡がある。その終わりの方に、「今朝、御電話の件につき、ようやく三千だけ調え候あいだ、然るべくお取り計らいくだされたく候。申すまでもなく、すでに交代後につき、今後は小生の手にてはもはや処置致しかね候次第、御了承下されたく候。敬具」とあります。つまり、三千円だけ渡す、ただ陸軍大臣を交代したので、今後のことはもう面倒を見るわけにはいかない、という内容ですね。続いて七月三十日付の工藤鉄三郎・安達隆成による小川宛ての電報です。「御厚意謝す。三〇確かに受け取った。工藤・安達」。これらを合わせますと、これまでにも白川が小川に渡した機密費が、河本大作が利用している工藤・安達という男に渡った、彼らがそれで張作霖派の中国人を使って謀略を行なわせた、その工藤・安達に後始末料と逃亡費および口止め料として、これで終わりだぞと念を押して三千円を渡したことがわかるわけです。

当時の三千円というのは、相当の金額です。それが陸軍大臣によって調達されているということは、関東軍だけの謀略ではなく、東京の参謀本部や陸軍省が後ろにいたということなのですね。ゆえに、田中首相が調べはじめると陸軍の妨害が入り、「あなただって陸軍出身でしょう」などと現役幹部から牽制されるわけです。そこで天皇の側近らからガンガン言われて田中首相はついにやむを得ず、昭和四年五月六日ですから、ほとんど事件から一年近くたって再び天皇のもとへ行き、「実はこれは陸軍がやったのではありません。陸軍とは一切関係のない話であります」と報告し、また表向き手を組んでいた張作霖を警備する義務があった、という点では、仮に関東軍に責任が生じるとしても、ほんの軽い行政処分で済ませたい、などと言うわけです。

天皇はびっくりしました。最初は、これは陸軍の謀略かもしれないので犯人は厳罰に処しますと約束しておきながら、約半年もすっぽかした挙句に一切関係ないというのですから、天皇はかんかんに怒ります。『独白録』によると、

「田中は再び私の処にやって来て、この問題はうやむやの中に葬りたいという事であった。それでは前言と甚だ相違した事になるから、私は田中に対し、それでは前と話が違うではないか、辞表を出してはどうかと強い語気で云った」

これは少し間違ったところはあるのですが、ともかくこう回想しています。

この天皇の怒りを受けて、側近である内大臣牧野伸顕と西園寺さんが五月六日に会い、陸軍の態度をこのまま見過ごすわけにいかないのではないか、と相談します。その会談のようすは牧野さんの日記に書かれていて、西園寺さんがビシっとしたことを言っています。

「ために（田中首相の責任をあくまで追及すると）政変の起こる事も予想せらるるところ、これは政治上ありがちの事にして、さほど心配する事にあらざるべきも、大元帥陛下と軍隊の関係上、内閣引責後本件を如何に処置すべきや、……善後の処置をあらかじめ考慮し置くべき必要あるべし」

要するに、責任追及によって政変が起き、田中内閣がひっくり返るかもしれない。しかしそんなことはよくあることなので心配しなくてもよい。ただし、これによって大元帥陛下（天皇）と陸軍との関係がぎくしゃくした場合にはどうするべきか、あらかじめ考えておいたほうがいいんじゃないか、ということです。つまり天皇の側近たちは、田中総理大臣が前言を、それも天皇に対してあっさり翻した、というのは臣下としてあってはならないことであり、あくまで責任を追及する態度なわけです。

そこで牧野さんは西園寺さんとの会談後の五月十一日に、元海軍大将で侍従長の鈴木貫太郎（終戦時の首相）と会ってまた相談します。これも牧野伸顕日記によりますと、

「前後の真相の内奏相容れざる事ありては聖明を蔽う事となり、最高輔弼者として特にその

責任を免れず、……聖慮のあるところ御尤もと存上げ奉る次第なれば、折を以てその趣を上聞に達せられたく依頼せり。侍従長も全く同感なりと云えり」

つまり、天皇陛下への田中首相の報告がごまかしだとすると、陛下の判断を曇らすことになる。総理大臣としては責任を免れることはできない。陛下がお怒りになってけしからんと思うのは当然だろう。西園寺さんと私は、少々問題が起こるかもしれないが、あくまで田中の引責辞職を求めるのが正しいと決めた。したがって侍従長にはその旨を天皇陛下に申し上げてほしい、ということです。

これを受けて鈴木侍従長も、これ以上勝手なことをさせないよう軍をしっかり引き締めておかないと将来のためによくない、天皇陛下には、再び田中を呼び出して「辞職せよ」というふうに自ら言っていただいたほうがよいだろう、機会をみてそう申し上げましょう、と同意したのです。
西園寺元老、牧野内大臣、鈴木侍従長という天皇側近のトップ三人が決めたことですから、いずれ鈴木侍従長が天皇に奏上することによって話がまとまるはずなんです。

ところが裏では、重臣たちの動きを察知した陸軍が、黙ってはいないぞとばかりに策動をはじめました。後に陸軍大将になる岡村寧次少佐の昭和四年の日記に残っています。

「一・一七　木曜会、永田（鉄山）、岡村、東条（英機）。『政治と統帥』が議題。
二・一〇　二葉会、渋谷の神泉館で。黒木、永田、小笠原、岡村、東条、岡部、松村、

中野参集。在京者全部出席。河本事件につき協議す。
三・二二　二葉会。爆破事件（河本事件）人事等につき相談。
六・八　二葉会、九名全員集合。河本事件につき話す」

こういう記録がずっと残っているのです。のちの陸軍をしょって立つ有能な中堅クラスが二葉会というグループをつくり、その全員が集まって「張作霖爆殺事件をなんとかごまかそう、うやむやにしてしまおう」という相談をしているわけですから、陸軍の長老である田中義一首相はどうにも動けず、言葉を濁さざるを得ないんですね。そうして両者の思惑がぶつかり、とうとう天皇自ら田中首相に対して辞職勧告をすることになります。

◆豹変した元老西園寺さん

ところが歴史というものはまっすぐに進みません。この件について六月二十七日に田中首相が天皇に最終報告をすることになったため、牧野内大臣が念のため先の結論を確認したところ、なんと西園寺さんが意見をひっくり返してしまったのです。「そんなことをしたらとんでもないことになる。天皇陛下自ら総理大臣に辞めろというなど、憲法上やってはいけないこと。賛成した覚えはない」というわけです。

驚いたのは牧野内大臣で、「あなた陸軍を抑えなくてはならないとおっしゃったじゃありませんか」と迫っても、西園寺さんは「天皇自らがそのような発言をすることはとんでもない大間違い」として、「明治天皇の時代より未だかつてその例はなく、総理大臣の進退に直接関係すべしとて、反対の意向を主張せられ……」、つまり天皇は総理大臣の進退について余計なことを言ってはいけない、と主張しはじめるのです。牧野さんの日記には、

「あまりの意外に茫然自失、驚愕を禁ずるあたわず」

とあります。半分くらい腰を抜かしてしまって「そんな馬鹿な、これは大変だ」と粘りはするのですが、西園寺さんもゆずらない。理由を聞くと、「自分は臆病なり」と西園寺さんは言ったそうです。

なんとも不可解な話で、最高の責任をもつ元老が臆病を理由に前言撤回などふつう通る話ではないのですが、西園寺さんは猛反対しました。牧野さんは「今日は結局の帰着を見ずして公爵邸を辞去したり。三十余年の交際なるが今日の不調を演じたるは未曾有のことなり」と絶望感をもって興津の西園寺邸を引き上げました。

ところがもう時間的には間に合わないんですね。おそらくこれが鈴木侍従長の耳に入らないまま二十七日となってしまい、天皇は田中義一総理大臣に対して、責任をはっきりさせよ、辞めたらどうか、と言ったようです。

翌二十八日、白川義則陸軍大臣がやって来て、天皇陛下に陸軍の処分案を報告します。それは行政処分であって厳罰ではありませんでした。張作霖を守れなかった関東軍司令官は予備役に、同じ理由で河本大作は関東軍参謀を辞職、参謀長以下は譴責処分に、といったように、

軍法会議で罪を一切せず、書類上の裁断で済ませてしまいました。

これを聞いた天皇は、再び田中首相を呼び寄せ、一体どういうことなのか、これで済むと思うのか、お前は辞めるように、と今度ははっきり告げました。

田中総理大臣は逃げるように辞去し、七月二日に総辞職をしました。この後、田中さんはすぐに亡くなってしまいます。この時のショックが心臓に響いたともいわれますが、自決をしたという説が可能性の一つとしてささやかれています。

結果としては、張作霖爆殺事件はこれでケリがついたわけですが、ここで大事なのは、天皇が政治に口を出して内閣総理大臣を辞めさせてしまったことです。これについて『独白録』を見ると、

「こんな云い方（「辞めるように」）をしたのは、私の若気の至りであると今は考えているが、とにかくそういう云い方をした。それで田中は辞表を提出し、田中内閣は総辞職をした。聞くところによれば、もし軍法会議を開いて訊問すれば、河本は日本の謀略を全部暴露すると云ったので、軍法会議は取りやめということになったと云うのである」

とあります。昭和天皇はこのように記憶しているのですが、これはおもしろい記事です。もし軍法会議にかけたら河本大作は全部ばらすつもりだという、そうなると陸軍中央がみんなグルだったと知れて、下手すると日本陸軍はガタガタになってしまう。そういった陸軍の突き上げに田中さんはにっちもさっちもいかなくなって自ら倒れてしまったというわけです。そして

この結果、陸軍は「一連のことは宮中の陰謀であり、彼らがろくなことをしか天皇に進言しないから、とんでもないことになる」とし、以降、天皇のそばにいる重臣たちを敵とみなすことになりました。これを軍部は「君側の奸」と呼ぶようになりました。天皇は、この時、重臣たちへの恨みを含む一種の空気が出来てしまったことが、後に二・二六事件（第五章参照）を引き起こす原因になったのかもしれない、とも言っています。

いずれにしろ昭和天皇は、結論として、

「この事件あって以来、私は内閣の上奏する所のものはたとえ自分が反対の意見を持っていても裁可を与える事に決心した」

つまり張作霖爆殺事件、田中内閣総辞職があって以来、内閣が一致して言ってくることに対しては、自分は違う意見であっても常によろしいと認めることにした、というわけです。この独白録は戦後に昔のことを思い出して語った記録ですが、証拠はないものの、天皇は「今後は余計なことは言ってはなりません、それは憲法違反になりますから」と、元老の西園寺さんにかなりきつく言われたのではないでしょうか。

先に述べた西園寺さんの豹変は陸軍の強硬派にかなり脅されたためと考えられますが、「立憲君主制*2においては、国務（政治）と統帥（軍）の各最上位者が完全な意見の一致をもって上奏してきた事は、仮に君主自身、内心においては不賛成なりとも、君主はこれに裁可を与うるを憲法の常道なりと確信する」、と西園寺さんは言います。つまり日本のような立憲君主国では、政治及び外交、軍事問題はいずれもそれぞれの責任ある人たち、つまり内閣、軍部の大臣らが、完全な意見の一致をもって報告にきたことは、天皇陛下は仮に不賛成であったとしても許可するのが憲法の常道なのだと確信している、というのです。

天皇はこれを受けて、自分の意見を言ったばかりに内閣がひっくり返り、しかも総理大臣が間もなく亡くなるという事態となってある種の混乱をもたらした、そういうことを天皇自らの指図でやってはいけない、これからは閣議決定を重んじ、内閣の上奏に拒否しないことを今後の大方針にすると、忠告もあってそう決めたのです。

昭和史スタートのこの事件の意味は、事件そのものの大きさというより、ここにあるのです。昭和天皇が以後、内閣や軍部が一致して決めたことにノーを言わない、余計な発言をしないという立場を守り抜く、つまり「君臨すれども統治せず」、これが立憲君主国の君主のあり方だと自ら考えた。昭和史は常にここからはじまり、これがのちに日本があらぬ方向へ動き出す結果をもたらすのです。

◆統帥権干犯とは何ぞや

張作霖爆殺事件に絡む陸軍の不敵な動きに続いて、今度は海軍の話をします。

この張作霖爆殺問題が解決した直後の昭和四年（一九二九）十月二十四日、いわゆるウォール街の株式市場大暴落に端を発し、世界的な大恐慌がやってきます。もちろん日本もたいへんな不況に陥っていろいろな問題をうむのですが、その前に、大恐慌を受けて世界に再び軍縮の動きが出てきたことをみていきます。

前回にちょっと申しておきましたが、大正十一年（一九二二）、世界の戦艦及び航空母艦などをうんと縮小することでワシントン海軍軍縮条約が調印されましたが、今度は、重巡洋艦以下の駆逐艦や潜水艦クラスをも縮小しよう、そして各国が競争のため必要とする膨大な費用を節約しようということで、昭和五年一月二十一日、ロンドンで補助艦艇に関する縮小が討議されました。日本海軍はこの会議を前に、補助艦（巡洋艦、駆逐艦など）は対米英七割を確保、また潜水艦は現状の七万八千トンを保持するという方針を立てて、首席海軍代表の財部彪海軍大臣らがロンドンに出かけます。

しかしロンドンでの討議の結果、重巡洋艦は六割なれど、補助艦総括の総トン数は七割にわずか及ばない対米英六九・七五パーセント保持でまとまりかけ、これ以上ねばっても決裂してしまうと財部代表も調印の方向で訓電を仰ぐべく電報を打ちます。

三月十五日にこの連絡電報を受けた日本海軍は二十六日、海軍の長老である岡田啓介大将を中心として統帥（軍隊指揮）をあずかる軍令部長加藤寛治大将、同次長末次信正中将、作戦部長加藤隆義少将、また軍政をあずかる海軍省からは海軍次官山梨勝之進中将、軍務局長堀悌吉少将、高級副官古賀峯一大佐といった幹部が集まり最終討議をしました。

全体としては妥協の流れだったものの、しかし加藤軍令部長や末次次長らは「どうしても納得できない、とりわけ重巡洋艦六割などはけしからん」と主張します。一方、海軍省側は「この方針の範囲で今後、政府が最善を尽くすならば条件をのもうではないか」という意見です。

翌二十七日、内閣はこれを受けて、天皇陛下のもとに浜口雄幸総理大臣が行き、若干の反対意見はあるものの、現在の世界の状況や日本の力を考えるとこれで調印するのが妥当かと思うので全権に対して了承の電報を打ちたい旨を伝え、決裁となりました。

ところが、これで済めば何も問題はなかったのですが、訓電を打電後の四月一日、先の海軍首脳らが今後について会議を開くうちに、この期に及んで軍令部側が猛反対を唱えはじめたのです。特に海軍きって弁の立つ末次信正中将がガンガン主張するので、海軍省側はア然とし、すでに訓電が飛んで調印もなされるのだとなだめても聞き入れない。

翌日、加藤軍令部長が自ら天皇陛下のもとへ行き、軍令部としては、今回のロンドン会議の決定には反対であると一応申しておきたい、と言うわけです。天皇は驚いたでしょう、海軍は一致して先の決定をしたと思っていたところへ、いきなりそんなことを言われたわけですから。

そうとは知らず、海軍次官の山梨勝之進中将――後に学習院院長を務めた人です――は海軍の大御所である東郷平八郎元帥――日露戦争の日本海海戦時の連合艦隊司令長官で、現在は東京・神宮前の東郷神社に祀られています――と最長老の伏見宮博恭王のところへ行き、多少異論はありますが、この際は全体のことを考えて賛成いたしましたと報告しました。

そうこうするうちに四月二十一日、つまりロンドンでの正式調印の前日に、海軍軍令部の使者が海軍省に乗り込んで来て、「今回のことには同意できない、はっきりと反対する」と喧嘩を売って帰ってきます。

ちょうどこの時、国会では第五十八特別議会がはじまっていて、その議場で野党の犬養毅、鳩山一郎といった大幹部たちが気焔を上げます。軍備というものは、軍政を扱う海軍省の権限ではない、天皇がもつ統帥権つまり軍隊の指揮権のもとに補翼する軍令部がもっているものであって、その承認なくして勝手に海軍省が決めるのは間違っている。したがって今回のことは統帥権の干犯である、統帥権に違反し、これをないがしろにしている、けしからんことだ、というわけです。

当時の議員らは統帥権とはなんなのか知らなかったでしょうが、犬養や鳩山が先頭に立ってゆゆしき問題だと猛反対しているわけですから軍令部は勢いづき、「今回の条約は軍令部の意見に反して海軍省が勝手に調印した、これはまったくの統帥権干犯で、今後の日本の国防をゆるがす大問題だ」と街頭演説までやりはじめた。司馬遼太郎さんがいう〝魔法の杖〟*3が振り回されたわけです。こうして、めでたく済んだはずの問題で、日本はゆっさゆっさ大揺れに揺れはじめました。

◆軍師は北一輝という話

東郷元帥も伏見宮もにわかに怒りだしました。東郷元帥などは「だいたい財部海軍大臣は女房を連れてロンドンへ行ったというではないか、けしからん、かかあを連れて戦争に行くやつがどこにいる」と悪罵をつく始末です、財部夫人はかつての大立者、山本権兵衛大将の娘で、大層な浪費家で海軍部内で嫌われていました。それはともかく、軍縮会議であって戦争ではないにも拘らずです。伏見宮も「統帥権干犯は許しがたい、海軍省にこんなことを許せば将来の日本の軍備が危うくなる、軍備は実際の指揮権をもっている軍令部のものであって、海軍省などという事務官がもつべきではない」などと言い出す。ついに海軍の御大二人が統帥権干犯を唱えたてるから、軍令部も意気盛んなわけです。

当時の各新聞は非常に良識的で、むしろ全権団の労を謝し、「今回の判断は間違っておらず、統帥権干犯などという犬養や鳩山の言い分は、野党ゆえ倒閣を目論んで言っているだけである」と健全な議論を張っていたのですが……。

その結果、七月二十一日から二十三日にかけて、東郷や岡田啓介から、海軍の軍事参議官という「御意見番」が集まって再度、会議をします。「このままではどうにもならないが、調印が済んでいるのだから、ここでひっくり返せば日本の恥になる。海軍としては今後どうするかをよく考えて落着を」ということになるのですが、強硬派（のち艦隊派）は「財部大将は責任を取って辞任すべきだ」、これに条約賛成側（条約派）は反対して譲らない。こうして海軍がまっぷたつに割れ、うやむやのままながら、一応話は決着します。

喧嘩両成敗として加藤寛治、末次信正、加藤隆義ら強硬の軍令部側、また財部彪、山梨勝之進、堀悌吉ら海軍省側のいわゆる良識派が次々に辞任します。ですが、少し後のことになりますが、伏見宮と東郷という大御所の意向を受けて、良識派すなわち、山梨、谷口尚真、左近司政三、寺島健、堀悌吉、坂野常善といった海軍内でも海外経験が豊富で世界情勢に明るい秀才たちが、部署の異動におさまらず、やがて予備役となり、海軍を去っていくことになります。一方、強硬派は着実に海軍の要職へと戻ってくるのです。

軍縮条約の当事者である当時の軍務局長で一番槍玉に挙げられた堀悌吉さんは、後の連合艦隊司令長官山本五十六の海軍兵学校の同期生でした。ロンドンにいて堀のクビを知った山本は、「山梨さんとか堀のような海軍の宝を次から次へと首を切るようでは、海軍はもはや先はない。いずれ驕慢のために自滅するだろう」と自らも辞めようとしましたが、「お前まで辞めてしまえば海軍は空っぽになってしまう。頑張って最後までいてくれ」と堀に言われて留まったといいます。

こうして良識派のいなくなった海軍は、加藤寛治、末次信正以下、強硬派が主流となっていき、これによって昭和の日本は対米強硬路線へ動いていくことになります。

陸軍が張作霖爆殺事件で昭和四年に「沈黙の天皇」をつくりあげ、昭和をあらぬ方向へ動かしてゆくのと同時に、海軍も翌年のロンドン軍縮条約による統帥権干犯問題をきっかけに、まことに不思議なくらい頑なな、強い海軍が出来上がっていく。つまり昭和はじめのこれら二つの事件によって、昭和がどういうふうに動いていくか、その方向が決まってしまったとも言えるのではないでしょうか。

統帥権干犯ということについては、それまで誰も考えていなかったのです。軍備は誰がやるのか、陸軍なら参謀本部か陸軍省か、海軍なら軍令部か海軍省か、それは昔から何度もあった話ですが、両方の話し合いでその都度、対応してきましたから、問題になることはなかった。それが突然、統帥権が持ち出されて、「統帥権干犯」という言葉が表に出てきました。この統帥権干犯という言葉はのちのちまで影響します。軍の問題はすべて統帥権に関する問題であり、首相であろうと誰であろうと他の者は一切口出しできない、口出しすれば干犯になる、という考え方がこの時に確立してしまいます。

ではこの〝魔法の杖〟を考え出したのは誰か。この概念で政治を動かせると思いついたのは、北一輝*4だと言われています。この半分宗教家ともいえる天才哲学者が統帥権干犯問題を考えつき、犬養さんや鳩山さんら野党に教え込んだ、それにまた海軍の強硬派がとびついた。そこで妙な大喧嘩がはじまった。しかも、国際的な条約が結ばれたあとで、それが暴発して日本を揺すぶったのです。考えてみると、まことに理不尽な話でした。そして多くの優秀な海軍軍人が現役を去っていきました。

この辺が、昭和史のスタートの、どうしようもない不運なところなんです。この奇態な状況を踏まえて、ウォール街の暴落による不況時代を日本はいかにして乗り切るか、それが翌年の満洲事変へとつながっていくのです。

＊1――張作霖　一八七五―一九二八。今の遼寧省海城県出身の軍人。辛亥革命前後の動乱期に軍閥を築き上げ、十三年間にわたって中国東北地方に君臨した。関東軍と反発しあいながらも相互利用の関係にあった。一九二六年、北京に安国軍政府をつくり陸海軍大元帥を称したが、二八年に蔣介石軍に敗れ、奉天に逃れようとして関東軍に爆殺されたのはこの時。

＊2――立憲君主制　専制政治とは異なり、君主の権力が憲法によって規制を受ける君主制。

＊3――司馬遼太郎さんがいう〝魔法の杖〟「日本という国の森に、大正末年、昭和元年ぐらいから敗戦まで、魔法使いが杖をポンとたたいたのではないでしょうか。（中略）発想された政略、戦略、あるいは国内の締めつけ、これらは全部変な、いびつなものでした」（『「昭和」という国家』一九九八年、日本放送出版協会）

＊4――北一輝　一八八三―一九三七。国家主義運動の理論面での指導者。天皇大権の発動によるクーデタで国家を改造し、海外膨張をもくろむ構想を説いた『日本改造法案大綱』（一九二三）は国家主義運動の教典となった。政界の裏面で暗躍し、二・二六事件の黒幕とみなされ銃殺刑となった。

第二章

昭和がダメになったスタートの満洲事変

関東軍の野望、満洲国の建国

この章のポイント

一九二九（昭和四）年の世界恐慌の影響から、海軍軍人の整理がはじまり、陸軍軍人たちも「明日は我が身」と危機感をつのらせていきます。そんななか、天才と称された軍人・石原莞爾が、関東軍の作戦主任参謀に就任し、満洲を早く日本が領有する必要性を説きます。それを受けて、まずは満洲に親日の政権を樹立するという計画が動きはじめます。関東軍を合法的に出動させるため、中国軍・張学良の仕業に見せかけ、柳条湖付近の鉄道を爆破しました。

キーワード

君側の奸／牧野伸顕／鈴木貫太郎／石原莞爾／張学良／本庄繁／五族協和／溥儀／若槻礼次郎／柳条湖／満洲事変

◆「君側の奸」といわれた人たち

のちのち昭和史にいろんな形で出てくる言葉で、いわゆる「君側の奸」または重臣グループと表現される人たちがいます。これは昭和天皇をとりまく元老、内大臣、侍従長、侍従武官長、宮内大臣といった宮中のトップに立つ人たちのグループをいいます。

元老とは、大正天皇が病身で療養する必要があって後の昭和天皇、裕仁親王が摂政の宮となったのですが、いくらなんでも十六、七歳では全権を任せるのに無理があるというので、内閣総理大臣経験者、明治をしょってきた人たちに補佐をさせました。大正時代は山県有朋、松方正義、西園寺公望の三人がこれを務めたのですが、山県も松方も亡くなってしまい、昭和に入ると西園寺公望ただ一人ということになりました。

西園寺さんは前姓を徳大寺といい、当人も公家でしたが、京都の由緒ある公家の西園寺家に婿入りして西園寺を名乗りました。この人は公家さんといいましても、若い時から歴史の荒波に揉まれてそれを乗り切った人で、戊辰戦争（一八六八）の際は、北陸方面の西軍の総督格として越後の長岡城攻防戦を指揮しました。司馬遼太郎さんが、河井継之助を主人公にした『峠』という小説で、いかに長岡藩が勇戦力闘したかを書いていますが、事実、長岡城奪還作戦では西園寺さんは危うく命を落とす経験をしています。周囲が慌てて馬に乗せて逃そうとした時に、西園寺さんは陣羽織を裏返しに着たそうで、そうすれば相手が指揮官とは思わないの

西園寺公望（1849 - 1940）

ではないかということだったようですが、一説には、馬に後ろ向きに乗って逃げたともいわれていまして、いずれにしろ九死に一生を得ました。

第一次世界大戦のパリ講和会議では首席全権大使を務めました。風流な人で、内閣総理大臣時代には森鷗外や幸田露伴ら小説家たちを呼んで「雨声会」という歓談会を開いたりもしました。夏目漱石も呼ばれたのですが、「ほととぎす厠なかばに出かねたり」という句を詠んで断わったという有名な話があります。

いずれにしろ元老の西園寺さんは、天皇の御意見番として、昭和前期の内閣総理大臣をほとんど一人で決めたといってもいいと思います。何かあって内閣が倒壊し、次は誰かという時には、西園寺さんが住む静岡県興津の駅前旅館に新聞記者らが殺到するほど権威があり、いわゆる「興津詣で」でこの旅館が大いに繁昌したという逸話も残っています。それくらい昭和史のなかで重大な役割を果たし続けたのですが、陰には住友財閥のバックアップがありました。興津住まいでは情報に疎そうなものですが、住友の社員で貴族院議員である男爵の原田熊雄が、同じ京都大学のＯＢでもあるのですが、秘書というか腰巾着のように西園寺邸に出入りし、近衛文麿（公爵・のちの首相）、木戸幸一（侯爵・のちの内大臣）らこれまた京都大学出身者グループとつきあって情報を丹念に調べ、西園寺さんに報告していた。彼はやがて『西園寺公と政局――原田熊雄日記』という昭和史の第一級史料を残しました。いずれにしろ西園寺さんが昭和天皇のバックにいた重臣グループの横綱ともいえる人でした。

次が内大臣です。これは警察行政を一手に掌握している「内務大臣」と間違いやすいのですが、「内相」と略される内務大臣は、内閣のなかの一閣僚であって宮中グループではありません。一方、内大臣は「内府」と略して呼ばれます。この内大臣は何をするか、ひとことで言うと天皇のハンコの管理人です。たとえば「朕惟ふに……」ではじまる教育勅語[*1]には、おしまいに明治二十三年十月三十日御名御璽、とあって天皇の名前、睦仁が書いてあり、その下にハンコがどんと捺してある。これが勅語の正式なもので、天皇の名前とハンコを御名御璽といい、内大臣はその御璽を管理していた、つまり明治天皇は睦仁、大正天皇は嘉仁で、その代々引き継ぐハンコを捺していたのです。天皇のハンコといえば日本では絶対の権威があると皆が思っていますから、やみくもに捺されたのでは困ります。もし間違って、アルコール中毒の天皇が出てきて酔っ払ってハンコを捺してしまったらたいへんなことですから、厳重な管理者を置いたわけです。

同時に、内大臣がやり手の場合、単なるハンコの管理者にとどまらず、天皇の政治的な補佐（常侍輔弼というのですが）として、宮中の内大臣府に毎日のように出勤し、政治問題に関して天皇の相談にあずかるようにもなりました。昭和のはじめは、前回出てきた牧野伸顕――幕

牧野伸顕（1861－1949）

末維新で活躍し、近代日本の基礎を築いたといわれる大久保利通の次男坊で、外交官育ち、牧野家にお婿さんに行きました。この奥さんが三島通庸の娘で、その娘・雪子さんが後に吉田茂の奥さんになるというふうに、宮中の関係は絡み合って自ずと大きな力をもつグループになっていくわけです――が、西園寺さんのもっとも信頼厚い内大臣として昭和十年頃まで天皇をバックアップしました。そのあとが内務省出身の湯浅倉平、のちには商工省出身の木戸幸一という辣腕の内大臣が出てくることになります。

さらに侍従長というのは、天皇のすぐそばにいて、いろんなことの相談相手になる人です。海軍大将の鈴木貫太郎が、昭和四年（一九二九）一月から二・二六事件で重傷を負った昭和十一年の年末まで務めました。おもしろいことに、侍従長は海軍大将ないしは中将、あとに述べる侍従武官長は陸軍大将ないしは中将というのが長い間のしきたりでした。

ところが、侍従長が何をするかというと、かなりあいまいなのです。天皇陛下の相談相手であることは確かですが、政治的な補佐役は内大臣、軍事的な補佐役は侍従武官長なわけです。たいしたことのない人が侍従長になりますと、ただ存在するだけでしかないのですが、よほどの実力者ですと、天皇の拝謁のスケジュール、つまり誰を天皇に会わせる、会わせないの権限を一手に握り、かなりの影響力をもったようです。鈴木貫太郎は、国務に関する天皇のスケジュールを自らつくった。ここに実力侍従長としての大きな役割があります。というわけで二・二六事件頃まで、西園寺公望、牧野伸顕、鈴木貫太郎の三人の傑物が重臣グループをつくって国政及び軍事に関する制約を強めたのです。

また侍従武官長は、先ほど申しましたように、代々陸軍大将が務め、軍事問題に関する補佐を担いました。念のため申しますと、統帥権独立というように、軍事は内政と違い、軍人は大元帥陛下の直属の部下ですから、参謀総長や軍令部総長の拝謁の申し込みを、国務をあずかる侍従長が止めようとしても止められない、それに関しては侍従武官長がスケジュールをつくったのです。

昭和のはじめにこれを務めた奈良武次はそう実力者ではなく、西園寺・牧野・鈴木の三重臣のもとであまり発言権はなかったようです。しかし昭和八年、本庄繁大将が侍従武官長となった時にたいへんなことが起こるのですが、それは後ほど述べることにします。またその下にいる侍従武官は、陸軍五人、海軍三人と決まっていて、それぞれの将校や士官が務めました。ちなみに、昭和四年八月から阿南惟幾中佐が侍従武官になりますが、この人が後に鈴木貫太郎とともに日本の終戦という大仕事にあたりました（第十四、十五章参照）。

またもう一人、宮中に、宮内大臣がいます。宮相といわれ、宮内省の長として皇室全般に関することのみの補佐を担いました。昭和のはじめは法学者の一木喜徳郎が、後に湯浅倉平が務めましたが、どちらも重要な役割を果たします。もちろん政治や軍事には直接関わりませんが、宮中グループとしてはこの二人を入れておく必要がある。いずれにせよ、のちの国家改新に燃える青年将校からすれば、昭和天皇の周囲の取り払わねばならない黒い雲、「君側の奸」の一員であったわけです。

以上、ややこしい宮中グループとその役割について、今後も頻繁に出てきますので、前回の話の補足としても、改めて説明しておきました。このあと、さまざまな昭和史の騒動、事件にいかに対処すべきか、彼らつまり「君側の奸」が集まって相談するのですが、昭和六年、これからお話する満洲事変が起き、その後やや穏やかになった数年間、「昭和天皇を囲んで麻雀ばかりしている」と陸軍内で噂が飛ぶくらい彼らは敵視され、常に狙われていたのです。

◆天才戦略家、石原莞爾の登場

さて満洲事変についてお話します。

昭和四年（一九二九）、アメリカのウォール街の大暴落に続き、昭和五年のロンドン軍縮条約で、経済的な緊迫から海軍軍人の整理がはじまり、陸軍の間では「次は自分たちであろう」という危機感が蔓延しはじめていました。しかも第一次世界大戦後の世界は総力戦の時代、つまり戦争は軍人だけでやるものではなく、国民全体が一丸となって戦わねば勝てない時代が来たというわけで、民衆の陸軍軍人に対するなんとなしに冷たい視線、それへの不満が陸軍内部に鬱積してきました。「貧乏少尉のやりくり中尉、やっとこ大尉で百十余円、嫁ももらえん」というようなざれ歌も流行りました。つまり、少尉になっても中尉になっても貧乏で、やっと大尉になっても百十余円の給料じゃあお嫁も来ない、というのです。軍人は冷たい視線を受け、電車に乗る時も軍服を脱ぐぐらいだったそうです。

そんな時に、心ある陸軍軍人たちは、現実的に冷静に日本の戦力をみて、第一次世界大戦の荒波をくぐらず、のほほんとしていた日本の軍備がどんどん遅れてきているということを厳しい現実として認識しはじめます。たとえば、機関銃でいえばイギリス軍二十万丁、ドイツ軍五十万丁、対して日本陸軍はわずか千二百丁でした。戦車は英仏三十五万輛、ドイツ軍六万輛、対して日本は三百輛しかない。しかも修理能力はほとんどなし。火力・機動力ともに列強陸軍からすれば数百分の一の実力でしかない、事実を知れば知るほど、日本の国防はどうなっているんだという焦りが募ってきました。

そんな時、当時中佐の石原莞爾という天才的軍人が登場します。陸軍の学校では超優等で、「陸軍に石原莞爾あり」と、もう一人の永田鉄山と共にその名が喧伝されるほど軍部内では知る人ぞ知る存在でした。この石原が「世界最終戦争論」という世界政戦略の大構想をまとめたのです。簡単にいいますと、第一次世界大戦後、世界にともかく平和が戻ったが、列強はいずれまた次の世界戦争をはじめる。いろんな組合せのもとに戦っていくうちに、最後はソ連、アメリカ、日本が残る。最終戦を前に、日本は戦わずじっと国力と戦力を整えて待っていれば、準決勝でアメリカがソ連に勝ち、決勝は日本とアメリカが戦うことになるだろう——という

石原莞爾（1889 - 1949）の晩年

大予測であり、日本はそれまで余計なことはせずじっと耐えながら国力と戦力を蓄えておくべきという主張でした。当時、石原莞爾は天才的とはいえかなり能天気じゃないのか、と言われたのですが、しかし現実はどうだったでしょうか。冷戦が続いてアメリカとソ連の最終戦が今か今かと思われながら、とうとうソ連が自ら崩壊してしまい、いつのまにかアメリカの天下になった。一方、日本は準々決勝くらいで負けてしまったので参加しなかったものの、石原莞爾の予言も満更じゃなかったのではないか、というのは笑い話ですが。

それはさておき、日本が決勝戦に備えるためにはどうすべきか。それには満洲をしっかり確保し、発展させ国力を養う、中国とは戦わずに手を結んで、最終的には中国の協力を仰ぎ、日中共同で満洲を育てていく、というのが石原の構想でした。

昭和三年十月、石原莞爾が関東軍の作戦参謀として旅順に赴任します。それからは次から次へと作戦構想を文書にして東京の参謀本部に届けます。骨子のみ挙げますと、昭和四年七月、「国運転回の根本国策たる満蒙問題解決案」、つまり満洲をどうすべきか、「〈対米持久戦に勝つには〉（中国の）四億の民衆に経済的新生命を与え（助けてやって）、これによってわが商工業を振興し、なるべく速に欧米列強に対しわが工業の独立を完うすることを根本着眼とするを要す」。つまり中国との貿易を通しての共同作業によって日本の国力を養い、米英に依存している工業を独立させておくべきだということです。

同年同月の「関東軍満蒙領有計画」は、最終的に満蒙（満洲と内蒙古）を日本の領土にしてしまうにはどうすべきか。それには張作霖亡きあとの東北軍司令官である張学良*2を掃討し、武装を解除して満洲を平定する。そして軍政下において治安を維持する。満洲国民への干渉は極力避け、日本、朝鮮、中国の三民族――のち満洲・蒙古両民族を加えて「五族協和」という満洲国のスローガンが言われる手前の段階です――の自由競争により産業を育成する。三民族がそれぞれ分担することで満洲の経済が間違いなく発展する、と主張したのです。つまり石原は満洲を日本の国力・軍事力育成の大基盤としておかねばならないという構想のもとにいろんなことに手をつけはじめたのです。

さらに昭和六年五月、「満蒙問題私見」を発表します。「（のちの世界は）西洋の代表たるアメリカと東洋の選手たる日本との間の争覇戦（最終戦）に依り決定せらるる。即ちわが国は東洋の選手たるべき資格を獲得すべきである」。そのためには早く満洲を日本の領有にすることが不可欠である。これによって日本の運命はぐんと開ける。そこを戦略拠点にすれば朝鮮半島の統治も安定し、中国に対しても指導的位置にたつことができるのだと。

この石原の大戦略を受けて昭和六年六月、参謀本部は「満蒙問題解決方策大綱」をつくります。つまり関東軍の作戦計画に基づきながら、参謀本部も満蒙問題への国策としての解決策を決めたのです。内容を簡単に申しますと、いきなり植民地にするのは無理なので、まずは満洲に親日の政権を樹立する。そのためには皇帝をおく――のちに清朝の末裔の溥儀[*3]がなるのですが、この案には石原莞爾は猛反対します。こうして一応は独立国のかたちにしてやって、その後に領有するという方針です。注目すべきはその終わりの方に、この大方針を実行に移すにはどう考えても内外の理解が必要であると述べていること。その「内」とはマスコミをさします。この辺から、マスコミが軍の政策に協力しないと、つまり国民にうまく宣伝してもらえなければ、成功しないということを軍部は意識しはじめます。張作霖爆殺事件以降の、陸軍のもくろみが全部パーになったのは、反対に回ったマスコミにあおられた国民が「陸軍はけしからん」と思ってしまったのが原因だとたいへんに反省したからです。ゆえに今度何かをやる時はマスコミをうまく使おうじゃないか、というので、ここから先はマスコミ対策が参謀本部の大仕事となり、新聞社及び普及しつつあったラジオ、日本放送協会への働き掛けが、いろんな形でどんどん強くなってきます。

以上、石原莞爾の大構想があり、それに基づく参謀本部の大構想がある。これが満洲事変につながっていく背景だったのです。

◆天皇への西園寺の牽制

ただマスコミ工作以前に、これらの大構想が練られている間、国内においては新聞雑誌で満蒙問題が盛んに論じられ、「満蒙は日本の生命線である」と叫ばれていました。この言葉はそもそも、当時満鉄（新京〈長春〉↕大連間を走っていた南満洲鉄道）の副総裁でのちの外務大臣松岡洋右が、昭和四年八月に京都で行なわれた「第三回太平洋問題調査会」で満洲問題を権威のように語って獅子吼したために、非常に流行ったのです。それがまた議会で叫ばれ、高らかにうたいあげられた。強硬派の代議士、森恪が松岡演説を受けて「二十億の国費、十万の同胞の血をあがなってロシアを駆逐した満洲は日本の生命線である」とぶちました。この数字は日露戦争で使った金、戦死者で、そうまでしてやっと手に入れた満洲は、まさに日本が守り抜くべき生命線である、というわけです。これが今後、日本の大スローガンになるのですが、おもしろいもので、うまいスローガンがあると国民の気持ちが妙に一致して同じ方向を向くんですね。

雑談ですが、百五十年前の旧暦六月四日（新暦七月八日）にペルリが浦賀に来てから慶応四年に明治政府が成立するまで、一八五三年から六八年まで十五年間のいろんな文献や書状などを見ていますと、みながやたらに「皇国」という言葉を使っている。なるほどそれがあの頃のスローガン、幕末の尊皇攘夷時代のキャッチフレーズであったのですね。

それが昭和はじめは「生命線」「二十億の国費」「十万の同胞の血」だったわけです。こうなると国民感情がピタッと一致してしまうんですね。今も日本は「ふつうの国」だの「再軍備」だの言ってますが、うまい言葉が見つからなくて国民感情は一致しないようです。

さて当時は強硬派だけでなく、戦後の首相で当時の奉天総領事、吉田茂が「対満政策私見」でこう言っています。「わが民族発展の要地たる満蒙を開放せられざる以上、財界の恢復繁栄の基礎なりがたく、政争緩和すべからず。これ対支、対満蒙政策の一新を当面の急務となさざるをえざる所以なり」。つまり、満蒙問題の解決なくして経済的な恢復も繁栄もない、政治上の争いも緩和できない。ここでいう満蒙の開放とは、つまりは日本の支配下におく、つまり植民地にするということであって、吉田茂でさえ当時はこう言っていたのです。

要するに、日本の国民感情は満蒙の植民地化へ向かいつつあった、そんな世の中の大きな動きに乗って陸軍は「時機が来た」と思ったのです。そんな折、六月二十七日、発表は八月十七日ですが、中村震太郎大尉という人が、スパイ容疑で中国軍に殺される事件が起きました。さらに七月二日、満洲で中国の農民と朝鮮人農民が衝突する万宝山事件が起きました。これでますます国民感情も猛りだしてゆきます。

では新聞はどうか。この頃はまだ、満蒙問題は武力で解決すべきではないと非常に冷静に対処していました。

そしてこの事態を一番憂慮していたのは昭和天皇であり、さきほどの宮中グループでした。昭和天皇は、昭和六年（一九三一）四月に発足した若槻礼次郎内閣（第二次）の陸軍大臣南次郎大将を呼んで六月四日、「軍は軍規をもって成り立っている。軍規がゆるむと大事をひき起こす恐れがある。軍規を厳正にせよ」。つまり、軍は非常に厳しい規律でもって成り立っている、それがゆるむととんでもない事態が起きるが、どうもそれが最近ゆるんでいるようである、引き締めるように、と命じました。また若槻首相に対しても、「満蒙問題については、不穏な言動が盛んだが、日中親善を基調にすることを忘れないように」と言っています。これらはもちろん、背後に西園寺、牧野、鈴木、一木らの側近の意見があったでしょう。

ところが、軍部はこれら反対論を屁とも思わず、ますます陰謀の傾向を強めていきます。宮中グループは軍部を改めてガツンと抑えなくては、と九月十一日、天皇が南陸軍大臣を再度呼びつけ厳しく注意します。万宝山事件といい、中村大尉事件といい、まことに困ったことであるが複雑な事情もあろう、よくそれを究明しなければならない。すべて非は向こうにある、という態度で臨んでいては円満な解決はできない。とにかく軍規を厳重に守るように、明治天皇のつくった軍隊に間違いが起こっては申し訳ない、と申し渡しました。

さすがの陸相もこれにはこたえて「もっともです」と応じ、さらに同じ日に西園寺さんも念を押すように「満蒙といえども支那の領土である以上、こと外交に関しては、すべて外務大臣に任すべきであって、軍が先走ってとやかく言うのは甚だけしからん」ときつく叱りました。

南陸相は「この問題に関しては、若槻総理からもたびたび小言を受け、陛下からもご注意があった。誠に恐縮千万であります。西園寺公の言われることはいちいちごもっともで、責任をもって注意いたすつもりであります」とかなんとか、どうもムニャムニャ答えたようです。西園寺さんはそれを聞きながら、「まるで暖簾に腕押しのようでまことに困った。たった今、甘酒を飲んできたというような顔をしてしきりにいろんな事を言ったが、じつに頼りないことおびただしい」と言ったと、原田熊雄日記には書かれています。

　陸軍としては、しきりに弁明しながらも従うつもりはなかったらしいのですが、ただ南陸軍大臣は案外気が小さかったようで、これはこのままではすまないぞ、と思いはじめたようです。というのも当時、南陸相、参謀総長金谷範三大将らを中心に陸軍は、関東軍の方針を是認し、その作戦計画に基づいて九月二十八日に謀略による事件を起こし、それを契機に満蒙領有計画を強力に推し進めると決めていたからです。これには異論も多くあるようです。「共謀」ではなく、むしろ「抑制」につとめていたという学者もいますが、どうもそうとは思えない節が多々あります。

　証拠といってはなんですが、八月一日に剛毅をもってなる本庄繁大将を関東軍司令官に任命し、その月の中旬、軍司令官、参謀長に次ぐナンバー3である関東軍の高級参謀、板垣征四郎大佐が東京に出てきて、軍事課長永田鉄山大佐、補任課長岡村寧次大佐、作戦課長今村均大佐、作戦部長建川美次少将といろいろ極秘の会談をもっている。ということは、「関東軍はやりますよ」ということの打ち合わせではなかったでしょうか。いや、打ち合わせそのもので、永田鉄山以下、東京中央の陸軍省及び参謀本部の主要人物にすべての作戦計画を綿密に話しているんですね。

そして板垣はとんぼ返りですぐに満洲へ戻り、八月下旬に本庄大将が旅順に赴任した際、「何か突発事件が起きた時、陸軍中央にどうすべきかの請訓を仰ぐか、あるいは独断専行しますか」と問うている。本庄は板垣を見据えて「私は軍司令官としてはあくまでも陸軍中央の指示に従うつもりではある。が、独断専行を決するに躊躇するものではない」と答えた。板垣は、ああこれは噂どおり剛毅な男だ、この人なら大丈夫そうだ、と安心して九月二十八日にいよいよ決行のつもりで準備を進めました。

侍従武官長時代の本庄繁（写真上、1876 - 1945）と、板垣征四郎（1885 - 1948）

作戦計画はまことに明確です。満鉄の鉄道を爆破するのです。そうすれば、関東軍司令部条例第三条により、関東軍は合法的に出動できるのです。肝心なのは線路爆破を完璧な隠密行動にしなければならない、ということでした。外部の人間を使うわけにはいかない。自分たちの手で確実に実行しなければならないと決めました。張作霖爆殺失敗の二の舞は許されない。それだけに計画は慎重のうえに慎重を期しました。

◆割り箸は右へ転んだが……

ところがです。九月十一日、天皇陛下と西園寺さんに叱られた南陸軍大臣がへなへなとなって、「これはだめなんじゃないか、このまま突っ走るとたいへんな事になるのではないか、内外の理解の〝内〟のほうのトップである天皇陛下以下の側近たちが猛反対となれば、計画は延期したほうがいいのではないか」ということになったのです。

九月十四日、南は金谷参謀総長と相談し、関東軍に思いとどまるよう、電報では意を尽くせないので建川作戦部長を満洲へ派遣することを決めます。建川も板垣らとは十分相談しているのでいまさらストップには賛成はしかねたでしょうが、命令ですから、飛行機で行けば速いものを、しぶしぶ東京駅から汽車に乗ってゆっくりと、これは「おれが着くまでにやってしまえよ」という意味なのかはわかりませんが、とにかく出発します。途端に、東京にいた参謀本部のロシア班長、橋本欣五郎中佐が関東軍司令部に「事暴かれたり、ただちに決行すべし」「建川奉天着前に決行すべし」「内地は心配に及ばん、決行すべし」という三本の電報を、もちろん暗号で打ちました。

受け取った関東軍司令部は、決断に迫られます。軍司令官、参謀長たち主な幹部は司令部のある旅順にいて、奉天にいたのは板垣征四郎、石原莞爾、特務機関花谷正少佐、憲兵分隊長三谷清少佐、駐在分隊長今田新太郎大尉らでした。建川が奉天に止めにやってくるというので彼らは密会し、来る前にやろうか、それとも話をきいてから決めるか、ずいぶん揉めたようです。しかし、決行か中止か決められなかったという。

九月十六日夜、板垣以下メンバーがもう一度集まって、酒を飲みながら、それこそ石川啄木の詩「はてしなき議論の後」のごとく改めてやりあったようです。

十七日午前三時になって、板垣が「こうなったら運を天にまかせて割り箸を立てて決めようじゃないか」――鉛筆でやったという説もありますが、ともかく右へ転んだら中止、左に転んだら決行、ということでやってみたら、右へ転んだらしいんです。ということは中止ですね。石原莞爾の日記にも、「午後九時半より機関にて会議。建川来る秘電有り。午前三時まで議論の結果、中止に一決」とあるんです。ですから一度はやめようと決定したようなのです。

ところが軍人には困った性分がありまして、騎虎の勢いというか、一度立てた計画を反古にすることはしのびないらしい。やはりここまで来たらやってしまおうじゃないか、と今田新太郎や三谷清ら若い強硬派の声が高く、再び「やるか」という空気になったようです。

そして十八日午後七時に建川が奉天駅に着くと、建川は大酒飲みですから板垣と花谷という酒豪がすぐに迎えに行き、料亭菊文へ連れて行ってふにゃふにゃと、こんにゃく問答のごとくごまかしたという説もありますが、説き伏せたともいわれています。

もっとも、その時には今田新太郎ら実行部隊は、二十八日の予定を十日間早めて今晩にでも、とすでに奉天郊外の柳条湖付近で爆薬を仕掛けるなど準備を着々と整えていましたから、建川がどう出ようがやるつもりだったのです。とにかく、黙ってやるわけですから、「あとはあなたに任せるよ」と板垣に言い置いて、石原莞爾はすぐに旅順に戻り本庄司令官らの説得に備えました。板垣は、建川を飲みつぶしてしまいます。余談ですが、本庄繁のあだ名は「沢庵石」、ずしっと重くて決めたらテコでも動かないからです。また三宅光治参謀長は「ロシア飴」。軍部きってのロシア通なのですが、ロシアをやっつけろという際にはヌルヌルになってしまうからです。そして板垣さんは「午前さま」。午前にならないと酒盃を離さないほどの酒豪でして、それで建川はつぶされてしまったのです。

午後十時二十分、柳条湖付近の鉄道が爆発しました。

板垣は菊文から瞬時をおかず飛び出し、十一時過ぎには第29連隊長と独立守備歩兵第二大隊長を呼びつけて「張学良軍の攻撃である。奉天城、北大営を攻撃せよ」と断固として命令を下しました。つまり、鉄道爆破は中国軍による日本軍への不法な攻撃である、よってただちに張学良軍の本拠を攻撃して占領せよ、というのです。すべては独断であって大元帥の命令なしで下したのですから、厳密にいえば「統帥権干犯」、陸軍刑法に基づけば死刑です。ここに満洲事変がはじまります。

旅順の関東軍司令部は、第一報が届くと「すわ事件」と本庄司令官以下がただちに奉天へと出発します。この際、本庄を三宅参謀長、石原莞爾らが囲んで、一つは奉天作戦のあとはハルビンまで進みましょう、二つは関東軍は全力をあげても一万余しかいないが、張学良軍は奉天付近だけで二万、満洲全土では二十五万の大軍。これでは抑え切れないので、朝鮮にいる日本兵の越境による援軍を、と頼みます。この越境援軍に関しては、石原莞爾がすでに朝鮮軍の作戦参謀神田正種少佐と打ち合わせ済みでした。本庄は以前、いざという時には独断専行もやぶさかではない、と答えた手前もあってか黙って聞いていたようです。

深夜一時七分、陸軍中央に奉天発第二〇五号電が届きます。

「……暴戻なる支那軍隊は満鉄線を破壊し、わが守備隊を襲い……」

このようにすべて作戦計画どおりに進めました。ところが、です、本庄らが奉天に着いたと同時くらいの午後六時ころ、金谷参謀総長からの電報が届きます。「不拡大方針に確定した、軍の行動は必要度を越えることなかれ」とありました。余計な攻撃をするな、という中央からの命令ですね。打ち合わせ済みなのに、関東軍には思いもかけないことだったでしょう。実は東京ではこれもすったもんだがあった結果であったわけです。

ただちに本庄軍司令官は心変わりします。「速やかに停戦するように、ハルビン進攻なども ってのほか」というわけで、そう決めたら沢庵石は動きません。石原莞爾は気抜けして「ああ、わがこと成らず」と嘆息して畳の上にひっくり返ったらしく、頭のいい人というのはあきらめも早いのですね。

すると板垣がむくと起き上がって、「石原、ハルビンがだめなら隣の吉林省へ進軍してはどうか」と言うのです。このへんが板垣のすごいところで、これに応じて石原も起き上がり「そうか、吉林省は奉天を守るために確保する必要がある」と元気を取り戻します。吉林省は満鉄からすごく離れているから駐留権はない。しかし、そこで暴動が起これば、在留邦人の安全確保のため出兵できる。結果として奉天付近が手薄になったことを口実に、朝鮮軍の越境増援を要請できる。そうなるとさっさと次の作戦計画を作り上げて、作戦部長の建川を口説きます。建川は止めに来たにも関わらず、計画に感心し、三宅参謀長も賛成します。

これでまた息を吹き返し、二十日、本庄と建川の会談になりました。建川は本庄を口説いたようです。停戦するわけにはいかない、攻撃を仕掛けた以上は反撃もあるのだから、奉天を守るくらいのことはしないと、などと言ったのでしょうが、さすが沢庵石の本庄はそれでも動きません。建川もあきらめて帰ってきます。

そこで幕僚全員が同日夕方、本庄に談判したのですが、依然として動きません。夜中の十二時前ごろでしょうか、皆追い返されてしまい、石原莞爾は「これでおしまい」と今度こそあきらめたようです。しかし一人だけ司令官室から戻ってこない人がいました。午前さまこと板垣征四郎です。

何を考えたのか居残った板垣は、本庄と向かい合って黙ってにらめっこしているらしい。そして午前三時ころ、戻ってきた板垣は石原を起こし、「おい、すんだぞ」と言ったそうです。沢庵石を動かしてオッケーをとりつけたのですね。つまり、ここで本庄さんが意地でも動かなければ、満洲事変はポシャったのですが、板垣という剛の者――この東北人は足の裏を針で刺したら三日たって「痛い」と言ったという話もあるくらいで――の鈍重にしてかつ粘り強さによって、二十一日未明、再び関東軍は息を吹き返したのです。

攻撃準備を整えていた関東軍の進撃は、かなり急でした。中国軍が無抵抗主義をとったためもあり、思うように軍の展開ができたのですね。

◆新聞がいっせいに太鼓を叩く

一方、日本国内では、この日の朝刊が――当時は朝日新聞と東京日日新聞（現在の毎日新聞）がダントツの部数でした――ともに俄然、関東軍擁護にまわったのですよ。繰り返しますが、それまでは朝日も日日も時事も報知も、軍の満蒙問題に関しては非常に厳しい論調だったのですが、二十日の朝刊からあっという間にひっくり返った。たとえば東京朝日新聞ですが、十九日の論説委員会で、これは日露戦争以来の日本の大方針であり、正統な権益の擁護の戦いであるということが確認され、二十日午前七時の号外は「奉天軍（中国軍）の計画的行動」という見出しで、特派員の至急報を国民に伝えます。これはほかの新聞もほぼ同じで、つまり軍の発表そのものであったということです。

「十八日午後十時半、奉天郊外北大営の西北側に暴戻なる支那軍が満鉄線を爆破し、わが鉄道守備隊を襲撃したが、わが軍はこれに応戦した云々」

とあり、「明らかに支那側の計画的行動であることが明瞭となった」と書いています。よく読めば少しも「明瞭」ではないのですが、これがそのままたいへんな勢いで国民に伝わります。

どうしてこうなったか、これは一つにラジオのおかげだと思うんです。十九日午前二時頃に電報通信社からの第一報が入ったのを受け、午前六時半からのラジオ体操を中断して、「九月十八日午後十時三十分、奉天駐在のわが鉄道守備隊と北大営の東北陸軍第一旅団の兵とが衝突、目下激戦中」と伝え、この後もどんどん臨時ニュースを流すもんですから、新聞も負けじと勇ましい報道をはじめたのです。ちなみに当時約六十五万だったラジオの契約者数は、これを契機に月平均六万ずつくらい増え、昭和七年三月には百五万六千に達したといいます。ラジオの時代に突入したわけで、その影響で新聞も「号外」を連発するようになる。つまり「号外」戦となり、どんどん読者を煽っていくことになるのです。

一方、関東軍としては、敵は満洲全土をあわせれば二十倍以上いますから、朝鮮軍に出てもらわないとどうにもならない。軍隊を国境を越えて動かすには、統帥命令によらねばならない、大元帥すなわち天皇の命令がないとできません。そのため金谷参謀総長がお願いにいきますが、拡大反対の天皇は「まかりならん」の一点張り。侍従武官長が間に入ってとりなしても会ってもくれず、何度もすごすご引き下がってくる。神田正種作戦参謀ら朝鮮軍は国境線の鴨緑江まで来て待っているのですが、東京からの許可が下りない。そこで、朝鮮軍の立派なひげをはやした林銑十郎司令官がここでも独断で越境命令を出したのです。二十一日午後、混成第39旅団の兵隊一万人以上が一気に鴨緑江を越えて満洲に入りました。大元帥陛下の命令なくして軍隊を動かしたということは大犯罪で、これも陸軍刑法に基づけば死刑なのですが。

一方、同日夕方ころにその知らせを受けた陸軍は、たいへんなことになったと慌てますが、智恵者がいて「閣議で決めてもらおう」ということになり、二十二日午前十時から閣議が開かれます。若槻総理大臣も、林久治郎奉天総領事よりかなりの情報を得ていた幣原喜重郎外務大臣も「事件はまったく日本陸軍の計画的行動によると思われる」といった電報を受けていますから、「とんでもない」と南陸軍大臣を吊るし上げます。以下は、幣原さんが南さんに厳重抗議をした言葉です。

「はたして原因は、支那兵がレールを破壊し、これを防御せんとした守備にたいして攻撃してきたから起こったのであるか。すなわち正当防衛であるか。もし然らずして、日本軍の陰謀的行為としたならば、わが国の世界における立場をどうするか。……この上はどうかこれを拡大しないよう努力したい。即刻、関東軍司令官にたいして、この事件を拡大せぬよう訓令しようと思う」

しかし南さんは例によってふにゃふにゃしているうちに、すでに朝鮮軍は国境を越えて満洲に入ってしまったことをばらしてしまいました。すると、ここが昭和史の困ったところ、情けないところなのですが、若槻首相という、道理のわかったはずの人が、「なに？　すでに入ってしまったのか。それならば仕方ないじゃないか」と言ってしまったというのです。この若槻首相のひとことが閣議を決定し、「朝鮮軍を放っておくわけにはいかない、予算として特別の軍事費を出す必要がある」ということになります。

天皇は、大元帥陛下としては、参謀総長にきつく「戦争の拡大はまかりならん、朝鮮軍の越境は認めない」と言っているのですが、閣議の後、若槻首相が「閣議が全員一致で決定し、越境した朝鮮軍に特別軍事予算をつけた」と奏上してきたことに対して、すでに説明しましたように、日本の憲法において内閣が一致して決めてきたことについてはノーと言わないことになっていますから、やむを得ないと、認可してしまいます。

陸軍は大喜びです。二十二日午前から午後にかけて、天皇が認可した、予算が出た、と激励の電報を次々に現地に送りました。これを受けた関東軍は命令を出します。「ハルビンの形勢ますます不穏。ハルビン総領事より政府に出兵の要請あり。軍は速やかにハルビン救援の準備を整えんとす」というわけで、ハルビン攻略作戦がはじまりました。

改めて天皇に会いに行った金谷参謀総長に、さすがに「今回のことは非常にけしからんことではあるが、閣議が一致して決めたことはやむを得ない。しかし私はあくまで拡大に反対であるから、戦争をはやく終わらせるように」と天皇は命令するにとどまります。

二十三日の朝刊は「朝鮮軍の満洲出動」と大々的に報じました。「閣議で事後承認」、これは正しいですね。また「軍と政府がぎくしゃくしている印象を内外に与えるのはたいへんよくない、政府が勇断に欠けているがごとき印象を与える結果となったのはもっとも愚である」とまで書き、軍部の後押しをしました。この時から大衆が軍を応援しはじめ、強気一方になって「既得権擁護」「新満蒙の建設」といった新スローガンも生まれ、一瀉千里に満蒙領有計画が推進されていくのです。

事変後、一週間もたたないうちに、日本全国の各神社には必勝祈願の参拝者がどんどん押し寄せ、憂国の志士や国士から血書血判の手紙が、陸軍大臣の机の上に山のように積まれたというんですね。南陸相は「日本国民の意気はいまだ衰えぬ、まことに頼もしいものがある。この全国民の応援があればこそ、満洲の曠野で戦う軍人がよくその本分を果たしうるのである」と喜色満面に新聞記者に語ったほどです。これが事変直前に天皇にきつく叱られ、青菜に塩でフニャフニャになった人の言葉なんです。

こうして「この全国民の応援」を軍部が受けるようになるまで、くり返しますが、新聞の果たした役割はあまりにも大きかった。世論操縦に積極的な軍部以上に、朝日、毎日の大新聞を先頭に、マスコミは競って世論の先取りに狂奔し、かつ熱心きわまりなかったんです。そして満洲国独立案、関東軍の猛進撃、国連の抗議などと新生面が開かれるたびに、新聞は軍部の動きを全面的にバックアップしていき、民衆はそれらに煽られてまたたく間に好戦的になっていく。それは雑誌「改造」（昭和六年十一月号）で評論家の阿部慎吾が説くように、「各紙とも軍部側の純然たる宣伝機関と化したといっても大過なかろう」という情況であったんです。マスコミと一体化した国民的熱狂というものがどんなにか恐ろしいものであることか、ということなんです。

そして昭和七年三月には満洲国が建設され、九月八日に本庄軍司令官以下、三宅参謀長、板垣高級参謀、石原作戦参謀らが東京に帰ってくると、万歳万歳の出迎えを受け、宮中から差し回しの馬車に乗り、天皇陛下にこれまでの戦況報告をします。黙って聞いていた天皇は尋ねます。「聞いたところによれば、一部の者の謀略との噂もあるが、そのような事実はあるのか」。これに対して本庄は「あとでそのようなことを私も聞きましたが、関東軍は断じて謀略などやっておりません」とぬけぬけと答えました。天皇は「そうか、それならよかった」と言ったようです。あとで聞いた石原莞爾は「ずいぶんいろいろなことを天皇の耳に入れる奴がいるな」とつぶやいたという話もあります。つまり〝君側の奸〟どもは許せん、というわけです。

すでに申しましたように、この人たちは本来、大元帥命令なくして戦争をはじめた重罪人で、陸軍刑法に従えば死刑のはずなんです。それどころか本庄軍司令官は侍従武官長として天皇の側近となり、男爵となる。石原莞爾は連隊長としていったん外に出ますが、間もなく参謀本部作戦部長となり、論功行賞でむしろ出世の道を歩みました。字義どおり、「勝てば官軍」というわけです。

昭和がダメになったのは、この瞬間だというのが、私の思いであります。

＊1――教育勅語　明治二十三年（一八九〇）に発布された、教育の基本方針を示す明治天皇の勅語。公式には〈教育ニ関スル勅語〉。

＊2――張学良　一八九八―二〇〇一、張作霖の長男で東北地方を地盤とする軍閥。一九二八年の張作霖爆殺後、その後を継いで三十歳で東三省（遼寧、吉林、黒龍江の三省）の実権を握った。満洲事変当時は国民党政府に協力した。

＊3――溥儀　一九〇六―六七、清朝最後の皇帝（宣統帝）。在位一九〇八―一一年。満洲国の皇帝（康徳帝）としては在位一九三四―四五年（次章参照）。姓は愛新覚羅、字は浩然。

第三章

満洲国は日本を〝栄光ある孤立〟に導いた

五・一五事件から国際連盟脱退まで

この章の

ポイント

一九三二（昭和七）年、上海で日本人僧侶が襲撃され、それがもとで日中両軍の衝突が起こります。これは、満洲から国際社会の目をそらすための日本軍の謀略でした。しかし天皇の命を受けた白川義則大将が停戦に持ち込みます。この平和への流れを不服とした軍人たちが犬養首相らを暗殺する五・一五事件を決行。以降、軍人の政治への干渉が強まります。一方満洲では日本の傀儡国家が誕生。これを機に日本は国際連盟で孤立し、脱退に至ります。

キーワード

上海事変／犬養毅／白川義則／血盟団事件／五・一五事件／挙国一致内閣／リットン調査団／満洲国／国際連盟脱退／パリ不戦条約

◆戦争を煽った新聞社

昭和六年（一九三一）九月十八日に起きた満洲事変で日本国内も戦争気運が昂まってがたがた動くなか、関東軍、つまり事変を起こした張本人たちが十月二日に、司令部に集まって、密かに「満蒙問題解決案」を決めます。これはほぼ石原莞爾が作ったもので、

「方針──満蒙ヲ独立国トシ我保護ノ下ニ置キ、在満蒙各民族ノ平等ナル発展ヲ期ス」

という内容です。石原としては、もともとは満洲を日本の領土にしようという構想だったのですが、いっぺんに領土にまでしてしまうと世界世論の反対も多いだろうし、日本国内もまだまとまっていないので、とりあえずこの時は譲歩して、とにかく満蒙──この時点では満洲でしたが後に内蒙古が入るので満蒙といいます──とくに満洲を蔣介石の政府とは切り離し、まったく別の独立国にしてしまい、それをうまく日本が使おう、いわゆる傀儡政府をつくって日本の国防の最前線にしてしまおうとしたわけです。

この方略でうまく国民をリードするには、例によって新聞を使うことです。彼らは新聞を徹底的に利用して、満洲独立の構想を推進しようと考えます。戦争は、新聞を儲けさせる最大の武器なんです。だから新聞もまた、この戦争を煽りながら部数を増やしていこうと、軍の思惑通り動きました。

満洲事変の本格的な報道は十月からはじまるのですが、それから約六カ月間に、朝日も毎日

も臨時費約百万円を使いました。ちなみに当時の総理大臣の月給は八百円です。いかに新聞が金を使ってやったか――朝日の発表によりますと、飛行機の参加は八機、航空回数百八十九回、自社製作映画の公開場所千五百、公開回数四千二十四回、観衆約一千万人、号外発行度数百三十一回、と大宣伝に大宣伝を重ねたんですね。すると毎日新聞が、負けるもんかと朝日以上の大宣伝をやりました。当時の政治部記者、前芝確三という人が後にこんなふうに語っています。

「事変の起こったあと、社内で口の悪いのが自嘲的に〝毎日新聞後援・関東軍主催・満洲戦争〟などといっていましたよ」

つまり、この戦争は毎日新聞が後援しているみたいなもんだというくらいに、報道の上で太鼓を叩いたんです。現地に行く新聞記者、特派員も各新聞がエース、名文家を送り出して徹底的に書きまくりました。その一人、朝日新聞で後に「天声人語」で名を馳せた――戦後は十何年とこの人が書きました――荒垣秀雄さんの記事を見ますと、

「四十度の熱で寝ていた者が一戦闘にフラフラ出て行ったたまま全快した」

「眉間から入った弾が頭がい骨と皮膚の間をクルリと通って後頭部からぬけたのをホンの軽傷と思って戦っていた独立守備隊第○（伏せている）大隊の北山一等卒」

頭にドーンと入った弾がくるっと回って後ろに行ったのに何にも感じないで戦ったというんです。また、

「胸部から背中に穴をあけられて息をするごとに出血しながら敵と格闘していた米山上等兵」「爆弾の破片で足の肉をすっかりとられながらも突貫して行った相沢一等卒」

とにかくいさましく書きなぐりました。それだけでなく、新聞社の幹部も陸軍と協力するというより陸軍のおだてに乗り、星ケ岡茶寮や日比谷のうなぎ屋などで陸軍機密費でごちそうになっておだを上げていたようです。

どうもそのことは一般にも知られていたらしいのです。新聞社が陸軍省と結託してうまいことやっていると。翌昭和七年二月十一日の永井荷風（作家・一八七九―一九五九）の日記にこうあります。

「同社（朝日新聞社）は陸軍部内の有力者を星ケ岡の旗亭に招飲して謝罪をなし、出征軍人慰問義捐金として金拾万円を寄附し、翌日より記事を一変して軍閥謳歌をなすに至りし事ありしという。この事もし真なりとせば言論の自由は存在せざるなり。かつまた陸軍省の行動は正に脅嚇取財の罪を犯すものというべし」

謝罪というのは、最初満洲事変に批判的だったのを詫びたということです。いかに新聞というのが陸軍の尻馬に乗って「売らんかな」のため「笛と太鼓」で扇動したか、永井荷風みたいな皮肉な人は見定めていたわけです。

昭和五年生まれの私はまだ小さかったのであまり知らないのですが、だいたいこの昭和六年、七年、八年くらいに日本人の生活に軍国体制がすっかり根付いてきて、軍歌が盛んに歌われ、子供たちの間では「戦争ごっこ」がやたらに流行ります。そういえば私も、物心ついた頃には毎日やっていました。それから水雷艦長といって、帽子のツバを前にすると艦長で、後ろにすると水雷艇で、横にすると駆逐艦という遊びをずいぶんやりましたから、確かにそういう風潮だったんですね。

　新聞がわんわん煽るもんですから、日本じゅうが「さあさあ戦争戦争」と、子供まで戦争ごっこで、同時に庶民の間ではやたらに慰問袋ブームで、どんどん作っては戦場に送っていました。これをまた新聞社が徹底的に書くんです。慰問袋、寄附をした人の名前を毎日のように書き出しますから、次から次へと集まって、たとえば十二月二日には十五万円、六日には二十万円入ったようです。とうとう応募が多すぎて書ききれなくなり、「申し訳ないが紙面がなくこれ以上書けなくなった」とお詫びを出したにもかかわらず、ついに十二月二十九日には三十五万円に達したほど、民衆の間で「戦線の兵隊のために一緒になってやろうじゃないか」という気運があったわけです。

　他方、裏側では、昭和四年のウォール街の暴落以降、不景気が国じゅうを覆っていました。小津安二郎の映画『大学は出たけれど』[*1]のタイトルどおりで、世の中に失業者があふれていました。早くその不景気から脱したいという思いが戦争景気への期待を高めたのだと思います。

◆「旭日を浴びて皇軍入城」

一方、満洲ではぐんぐん戦争が遂行されていきます。問題はそれを黙ってみていた中国です。自分の国がいま日本に取られようとしているのですからなんとかしなきゃいけないのですが、歴史というのは皮肉といいますか、この頃、中国本土は権力争いにあけくれていました。南京には蔣介石の国民政府、その一派として南の広東には汪兆銘[*2]の政府があり——彼は後に汪精衛と名乗って日本のために尽くします——ともに国民党ですが、二つに分かれて揉めていました。さらに、勢力をどんどんのばしている毛沢東の共産党がいます。蔣介石は共産党を目の敵にして攻撃を繰り返し、日本など見向きもしませんでした。それに地方軍閥もやたらに蠢動する。というわけで、内部が三つにも四つにも分かれてしまった中国は、肝心要の日本を主敵とするという気持ちがまったくない。せいぜい蔣介石が国際連盟（現在の国際連合の前身です。アメリカは不参加）に、なんとか日本軍の侵略を抑えてくれないか、国際正義の名において日本に制裁を加えてくれないかと提訴したくらいです。

国際連盟はこれを受けて議論をはじめますが、そう素早く取りかかって処理するような機関ではありませんので、日本はこれをチャンスとみました。中国は自分たちで勝手に戦争をしている、国際連盟の動きはのろのろしている、この時に石原莞爾が構想したように満洲を早く独立させてしまい、傀儡政府をつくり上げようじゃないかという方針が進められていきます。

十月八日には錦州に爆撃をかけました。天皇はそれを知りびっくり仰天して、しみじみした口調で鈴木貫太郎侍従長に、

「自分の代に大戦争が起こるのであろうか。それが日本の運命なのか」

と嘆いたといいます。

しかし、最前線の関東軍や朝鮮から派遣されてきた日本軍は、天皇の嘆きなど屁とも思っていませんから、張学良軍を次々に撃破し、ついに十一月十八日にはチチハルを、また翌昭和七年（一九三二）一月三日には錦州を占領するなど、どんどん占領地域を広げていきました。

考えてみると、この時点でいち早く国際連盟が動くとか、中国の大部隊が満洲に入り込んでいれば、日本もそう簡単に占領できなかったのですが、状況がこうですから、チャンスとみて、赤ん坊の手をひねるように攻め込んでいけたんですね。逆に、国際連盟がやっと動き出す直前、日本は外交的な努力を試みて、むしろ「日本が防衛戦争をしているのだということを認識するために調査団を出してくれ、それによって日本の正当性が証明されるだろう」と要請します。これをまた国際連盟が引き受けたので、調査団を組織して満洲に送り込むという時間稼ぎができたのです。ちょうど、先年のイラクの核査察団が何カ月もかかってイラクに入ったのと同じようなかたちです。反日のメンバーだけではいけないとか、公平を期すために人員を選びなおすとか、まさに時間稼ぎにはもってこいでした。すべてが日本の思惑通りに歯車が回りはじめ、満洲の都市を日本軍が次から次へと占領していきました。

一方、中国本土では、民衆、とくに若い人たちが蔣介石や汪兆銘ら政府のやり方に猛反対し、日本は侵略国家であるから撃退すべきだという大運動が起こります。とくに上海などはたいへんな勢いで反日運動を展開しはじめました。日本の物は一切、買わず、売らず、運ばず、用いず。原料および一切の物品を日本人に供給せず。日本の円を受け取らず、取引もせず、日本人を雇わず、日本人に雇われず。日本人と一切応対せず……などをスローガンに、次々と学生らが蜂起して、上海、北京、南京、広東へとデモが広がり、中国政府も徐々に「このままではだめだ」という状況に追い込まれていきます。

ただ中国正規軍の反撃がはじまるまでにはまだ少し時間があるというので、日本はさらに北へそして西へと攻め込んでいきました。そうして勝ち進むと新聞がまた喜びます。もう少し新聞の悪口を言いますと、たとえば昭和七年一月三日、日本は錦州を占領しました。明治時代に「聖将」とも呼ばれた軍人、乃木希典将軍（一八四九―一九一二）が日露戦争でよんだ「金州城外斜陽に立つ」という漢詩がありまして、私なんかよく混同して、錦州と書くたびに乃木さんの詩を唸ってしまうんですが、翌四日の朝日新聞は華々しくうたい上げます。

「平和の天子の如く旭日を浴びて皇軍入城す」

日本軍は「平和の天子」なんですね。

「皇軍の威武により、満洲新時代に入る」

とにかく新聞は売れるし、国民はみな喜ぶから、新聞は相変わらず太鼓を打ち鳴らします。

歴史にイフはありません、けれども、中国国内も国連もそんな状態ですから、ここで日本がぱっと戦争をやめて天皇がいう不拡大の大方針を守れば、あるいは国際的大事にならなかったと思うんです。ところがそうはいかないんですね。新聞は煽るし、国民は喜ぶし、景気もよくなりはじめるし、軍は「こうなれば満洲全部を取っちゃえ」という勢いになり、国際連盟がごちゃごちゃ議論をしている間に、ついに山海関という満洲と中国本土の国境線、万里の長城がはじまる突端まで進出し、そこに日章旗つまり日の丸を立ててしまうのです。

攻勢の終末点を想定してそれをキチンと守る、それが軍事を考えるうえで重要なんですが、どうもその守るという勇気に欠けているのが日本人の特色かもしれません。とにかく万事に対症療法的ですからね。

◆きびしくなった世界世論

ここまでくると中国も黙っていませんし、国際連盟も「あんまりじゃないか」と思うのは当然です。それまでどちらかというと、アメリカは日本に好意的でした。国際連盟がガタガタしだした時も、アメリカは日本たたきの先頭になることはなく、日本の立場が自衛戦争であるかには若干首をかしげるところもあったと思いますが、少なくとも、意図的な侵略戦争とはとらなかったのです。が、ついに錦州は占領する、山海関へも出て行くとなりますと、アメリカも「これは」といっぺんに硬化してしまうのです。とくに錦州占領で万歳万歳の日本の報道を見た時、アメリカのスチムソン国務長官は大衝撃を受けて、「もはや日本は信ずるに足りない、これは侵略戦争である」と厳重抗議をし、満洲の現状をみると、一九二八年（昭和三）に各国で結んだ不戦条約＊3に日本はまったく違反している、日本がいち早く破るとはけしからん、したがってこの戦争はもはや自衛とは認められない、と強硬になったのです。

このアメリカの不信表明は日本にとってショックでした。しかし事態がここまできてしまえばもう引き返すことはできない、というのが軍なんですね。戦理とはそういうものです。アメリカが何を言おうが満洲の独立だけは果たしたいと、動きを止めませんでした。のみならず、昭和七年一月、事件を起こした張本人である例の「午前さま」、板垣征四郎大佐が東京にはるばるやって来ます。それも石原莞爾に、

「いいかい、板垣さん、あなたは決してへっぴり腰になっちゃいかんよ。関東軍が何を考えているかということを陸軍中央部に徹底的に説明してくれ。中央部が腰の引けるようなことを言ったら、その腰をへし折るくらいひっぱたいてくれ」

とハッパをかけられて出てきたのです。

とにかく満洲には新国家を建設する、明確に南京政府、つまり中国の政治の中心から離脱させて名実ともに独立国家にする、陸軍中央（陸軍省と参謀本部）もその決意をしてもらいたいというわけです。そして、

「不戦条約においても、国際連盟の規約においても、日本が満洲を支那本部と分離させよう

と直接行為をあえてすることは許されないだろう。しかし支那人自身が、内部的に中央と分離して自分たちの国をつくるというのであれば、一向にそれらに反していない。だから日本はあくまで側で見てやっているだけで、支那人自身が自分たちの意志で独立国をつくるということなんだから構わないのじゃないか」

と、陸軍中央を説得するのです。

板垣さんはそうおしゃべりでもなく、どちらかというと黙ったまま三時間でも四時間でも相手の顔をにらみつけているような人なんですが、その時はよっぽど石原莞爾に説得されてきたのか、盛んにしゃべったらしいですね。結果としては、陸軍省と海軍省と外務省のいわゆる三省が合議することになる。そして国の大方針として、

「満洲を、支那本部政権より分離独立せる一政権とする。そのようになるように逐次、わが国としては誘導する」

と決めるのです。すなわち、日本が無理やりつくらせたのでは国際条約違反になってしまう。ゆえに直接には手は出さない。けれどもうまく誘導して、中国人自身が自分たちの独立国をつくるというふうに指導する、これなら文句はあるまい、という方針です。これが一月上旬のことでした。

こうして、大元帥の命令にも、国策である不拡大方針にも違反して勝手に満洲事変を起こし戦闘を拡げたとんでもない奴ら、軍法会議にかければ死刑に値する面々は、ここでセーフにな

ってしまったんです。罪ではなくなったどころか「よくやった」ということに。そして一月八日、あれほど大戦争を心配していた昭和天皇までが、「関東軍はよくやった」という内容の勅語を発します。満洲事変の起こりとなった柳条湖事件は自衛戦争である、チチハルや錦州の占領も「皇軍の威武を中外に宣揚したものである」と、おほめの言葉のある勅語でした。

これは、昭和天皇のされた一番の大ミスじゃないかと思うんですね。昭和天皇自身も、「しまった」と思っているかどうかはわかりませんが、少なくとも、『昭和天皇独白録』の中には、満洲事変について今まで話したような一件に関してはほとんど何も語られてないんです。勅語や、関東軍の独断専行、満洲をいかに独立させようとしたか、そのことに言及することはほとんどなくて素通りです。ということは、よほど自分の中でもショックだったんじゃないか、と思われないでもないんです。

というわけで、あらためて国策として日本が誘導して満洲国をつくることに決まりました。ところが、これを進めるほどに、国際的にはなんとも許しがたいものとして映ります。国際世論での批判がどんどん大きくなってくることに困った日本は、なんとかして満洲から世界の目を逸らせようとします。このへんが、満洲事変以来の日本の強引といえば強引な政策で、どうしてもほめられない。程よいところでストップをかければいいのに突っ走ったおかげで、国際的に孤立化していくのですが、要するに世界の目をほかに向けるには、どこかで事件が起きればいいのだと――どうも日本の悪口ばかり言うことになりますが、事実はそうなんです――板垣征四郎および石原莞爾らが、上海日本公使館付きの陸軍武官補佐官であった仲間の田中隆吉中佐を呼んで――この人はのち東京裁判の時にアメリカの検察側に回り、日本陸軍がいかに陰謀たくましかったかを全部暴露して日本陸軍の許し難いたった一人の人物になってしまいます――満洲事変直後の昭和六年十月ぐらいに「なにかあった時は、頼むから上海で事件を起こしてくれ。そうすると世界の目がそっちにいく」と言い渡していたのです。

満洲だと、極端に言えば世界列強にとって直接的な利害関係がないんですね。ところが上海はイギリスもアメリカもみんな租界があって、利害関係が山ほどある。そこで事件が起これればいやでもそちらへ目が向くわけで、満洲はすっと抜けてしまうというわけです。

◆上海事変をとにかく停戦へ

いよいよ昭和七年の年明けぐらいから国際社会の目が厳しくなり、日本はどうにもならなくなってきます。作戦をこのまま遂行すれば孤立化を深めるだけでなく、世界から袋叩きにあうかもしれないというので、田中にさっそく「決行せよ」の電報を打ち、一月十日に約二万円の軍資金を送り込みます。

そういうことが何故わかったかと言いますと、田中が東京裁判でみんなばらしたからなんですが、その中央からもらった二万円で、自分の愛人で「東洋のマタ・ハリ」と言われている川島芳子[＊4]も使って中国人に金をまき、事件を起こす算段をしました。そして一月十八日、ついに事件は起きます。日蓮宗の坊さん二人が信徒三人を連れて上海の街を「南無妙法蓮華経」と托鉢して歩いている時、抗日運動が盛んな頃ですから、反日分子――といっても金をやってそう装わせた中国人――がそれを襲撃し、結果としては二人が死に、三人が重傷を負うという殺人事件になりました。

この無法をチャンスとした日本軍は、「犯人を出せ」と厳重抗議をします。中国側は覚えがありませんから「何を言うか」ともみ合って一触即発になります。向こうは反日で燃えてますし、こっちはやる気十分というか元々そのつもりなんですから、あっという間に火を噴いて、十日後、中国軍と日本軍が弾を撃ち合う大事件に発展したのです。

今話したことはのちにわかったことで、当時はまさか日本軍の謀略で田中隆吉と川島芳子が組んでしかけたなんて誰も知りませんから、「やっぱりはじまったか」と日本人の皆が思った。昭和天皇もそう思ったでしょう。驚愕して、鈴木貫太郎侍従長を呼び、「厳重に調査せよ」と言うのですが、そんな余裕はなくすでに戦争がドンドンとはじまり、世界の目はいっぺんに上海に向きました。

この時、満洲の関東軍はさらに「しめた」というので、本庄軍司令官を中心に、北部のハルビンを取ってしまおうと攻撃を開始します。

こういう具合に、張作霖爆殺事件以来、日本陸軍の謀略はどんどん進行していったのですが、これというのも国防に対する基本的な考え、つまりソ連の南下がおっかないからはじまったことであるのは最初に申した通りです。さらに不景気がどうにもならないところに達していたことが根底にあるわけですが、少なくともこの「上海事変」と称せられる事件は、明らかに最初から日本軍の謀略でありました。

天皇はこれについては非常に憂慮して、世界の厳しい目が満洲問題だけでもこれほど日本に注がれているのに、そのうえ上海で戦闘など許されない、とにかく早くやめるように、と何度も陸軍中央に言いました。国際連盟がジュネーブの本部で、満洲問題に上海事変を絡めて話し合う総会を三月三日に開くと決めていますから、「なんとしてもそれまでに戦火をとめ、陸軍を引き揚げさせろ」ときつく命じ、内閣にもそう言うわけです。この時、犬養毅という政友会の頭領を首相とする内閣ができていました。

内閣については、はじめは若槻礼次郎さんだったのですが、前年昭和六年十二月十一日に辞めていました。犬養さんは基本的には、若槻内閣が決めた満洲独立案の方策には必ずしも賛成ではなかったものの、陸軍に圧され、ついに上海付近の中国軍を撃破するよう、二個師団——一個師団はだいたい当時一万五千人ぐらいです。後に二万人強になりますが——つまり約三万人を上海に送り込むことを決定せざるを得なくなってしまいました。

その新しくつくられた上海派遣軍の司令官が元陸相の白川義則大将で、任命するにあたって天皇は、「今度こそなんとか上海事件を拡大しないよう、とにかく条約を尊重し、国際協定を守るように」と言い、しみじみとした口調でさらにこう加えたといいます。

「もう一つ頼みがある。上海から十九路軍（中国の軍隊）を撃退したら、決して長追いしてはならない。計三個師団という大軍を動かすのは戦争のためではなく、治安のためだということを忘れないで欲しい。とくに陸軍の一部には、これを好機に南京まで攻めようとする気運があるときく」

天皇という方は、相当の情報通なんですね。陸軍の意図を見定めていて、そんなことのないように、というのです。陸軍の意図というのは、チャンスだからついでに南京、つまり蔣介石のいるところまで攻めて行っちゃえというのです。白川さんが「存じております」と言うと、

「私はこれまでいくたびか裏切られた。お前ならば守ってくれるだろうと思っている」

陸軍の中にも良識の人といいますか、忠義の人がいるんですね。国際連盟が三月三日に総会を開くという期限があって、その前に戦争をやめ、日本が国際的にも誠意を見せたことを示したいという天皇の命令を受け、白川さんが指揮した上海派遣軍は、強力でしたから中国の十九路軍をあっという間に撃退し、上海付近を包囲していた中国軍をすべて追っ払って元通りの状態にし、同時に停戦命令を出したのです。

驚いたのは東京の参謀本部です。

「えっ⁉　勝ってるのになんでやめるんだ？　行け行け」

とこれがまた馬鹿みたいに追撃命令を出すんです。しかし白川さんは断固として動かず「停

戦だ、停戦だ」とついに上海事変を収めてしまいました。結果としては、ものすごい険悪な雰囲気ではじまったジュネーブの国際連盟総会はこれを受けていっぺんに好転し、「そうか、日本はひどいことを考えていたわけじゃないんだ」と一応は見直されまして、非常にうまくいったんですね。天皇もその報告を心から喜んだようで、鈴木貫太郎侍従長に、「ほんとうに白川はよくやった」と言いました。

さて実際に戦闘を中止するには、中国軍側と停戦協定を結んで調印しなければなりません。その調印式が四月二十九日、ご存じかと思いますが昭和天皇の誕生日、天長節であります。その日を選んで調印式をすることになりました。上海北部の公園で行なわれた調印式のお祝いの会で、ある反日の朝鮮人が手榴弾を投げ、壇上にあった日本側の責任者らをいっぺんに打ち倒し、白川さんはそのせいで死んでしまうという悲劇がありました。その時に右脚を失ったのが駐華公使だった重光葵さん、後の外務大臣です。

面白いことに、というよりヘエーと思えるほどに、天皇は『昭和天皇独白録』で上海事変についてはごくていねいに語っています。白川はじつによくやったと、そしてその死をたいそう悼み、翌年昭和八年の春の一周忌、遺族にと短冊を鈴木侍従長に託し、仏前に捧げました。短冊には歌が書かれてありました。

　　をとめらの雛まつる日に戦をばとどめしいさほ思ひ出にけり

三月三日、その殊勲を今もまた思い出しているよ、という歌を天皇自らつくって届けさせた、そういう話が残っています。『独白録』に詳しいのですが、上海事変を三月三日までにとにかく収めたことはよほど嬉しかったのだろうというのがよくわかります。

◆「話せばわかる」「問答無用」

一方、陸軍中央その他、血気の人たちはこれが不満でしょうがない。なぜ勢いに乗じて南京まで攻めて行かなかったのかが悔しく、停戦協定など結んでいい気になっているのも不愉快である、と。実は裏側で、こうした不満から密かな動きがはじまっていて、昭和七年が明けてなんとなしの和平ムードが高まりつつある時に、暗殺事件が次々に起こるのです。

二月九日、井上準之助前大蔵大臣射殺、三月五日、三井合名理事長の団琢磨射殺――これはふつう血盟団事件といいます。さらに陸海軍や民間右翼たちが、どうも今の犬養内閣はへっぴり腰だ、せっかくのチャンスを逸して上海事変を終えてしまったし、不景気の克服もできない、やることなすことがけしからん、というので五・一五事件というクーデタを起こします。

上海事変は陸軍だけでなく海軍陸戦隊も海軍航空隊も戦いましたから、海軍も相当の犠牲者を出しているのです。ところがただの事件ですから勲章もなにもなかった、その他いろんな不満が海軍部内にもありまして、内閣および重臣――例の「君側の奸」――はけしからん、あれを倒して暗雲を吹き飛ばし、もっとさわやかな日本をつくるべきだ、と犬養首相暗殺を決行します。これが昭和七年五月十五日に起きたので、五・一五事件というわけです。

殺されたのは犬養首相だけですが、狙われたのは元老西園寺公望、内大臣牧野伸顕、侍従長鈴木貫太郎、という例の三人です。犬養さんを襲ったのが海軍士官、三上卓、黒岩勇、山岸宏、村山格之、さらに陸軍士官学校の後藤映範、篠原市之助ら五人で、靖国神社に集合し、二台の自動車に分かれて乗って、午後五時半ごろ首相官邸に乗り込んで行き、犬養さんと面談をしました。犬養さんが出てきて、

「なんだそういうことか、話せばわかるじゃないか」

と言った時に、

「問答無用」、ズドン。

という有名な話になって残っています。

一説によると、今でいう不正献金を犬養がもらっていたのがけしからん、と指摘したのを犬養さんが「それなら話せばわかるじゃないか」と答えた、それを問答無用として撃ったという説もありまして、必ずしも彼らが「何も聞かない、とにかく殺すのだ」と実行したのではない、そういう説もあることを付け加えておきます。しかし、だいたいにおいては、内閣の政策に対する抗議として決行したと考えるのがいいかと思います。

さらに彼らは警視庁に向かい、「われわれは何を考えているか」という檄文を車中から街に撒きました。それは今でも残っています。

もう一つの組は、古賀清志という人をリーダーとして、陸軍士官学校の生徒四人が牧野伸顕

内大臣邸を襲い、手榴弾を投げ込みましたが、牧野さんはいなくて無事でした。

さらにもう一つの組は、海軍の中村義雄という人が陸軍士官学校の生徒三人を連れて政友会本部に手榴弾を投げたのですが、不発でした。

その他、この決起部隊に呼応して、橘孝三郎という人を中心とする愛郷塾[*5]のメンバーたちが東京の発電所を襲いました。東京を暗黒にして何かをやろうとしたようですが、行ってはみたもののどうすればいいのかわからず、しょうがないから機械を一つ二つ金槌でぶっ壊しただけで結局なにもできなかった、という話が残っています。

いずれにしろ、大計画を立てた割りにずさんだったといえるのではないかと思います。

ところがこの事件はどういうわけか当時の国民には妙に人気があって、ということは犬養内閣の政策がよほどおそまつだったのか、やることなすこと国民の気持ちにそぐわなかったのか、この青年将校たちを糾弾するのではなく「助けてほしい」という運動がやたらに方々で起こります。また、徒党を組んで人を殺したんですから、厳重に処罰しなくてはいけないはずの軍も、なぜか被告に対して同情的で、それがまた国民の賛同を得るのです。当時の風潮として、一般民衆の間に政治的不満が強くあったのだろうとしか考えられないんですね。

結論を言いますと、海軍軍人が起こした事件ですから海軍の軍法会議なんですが、首謀者の二人、三上卓と古賀清志が禁固十五年、もう一人が禁固十三年、無期懲役が一人、残りは全部無罪です。死刑もなけりゃ、禁固十五年なんて恩赦などであっという間に出てしまうんです。

要するに判決そのものものものすごく軽かった。なぜこうも軽いのか、実は海軍内部でこの人たちへの同情といいますか、応援団が非常にたくさんいまして、たとえば「軍神東郷」といわれる東郷平八郎元帥は、

「この士官たちの志は十分にわかっているから、彼らの志を国民に知らせると同時に、足りないところはおまえたちが援助してやってほしい」

と海軍軍人に述べました。すると軍人たちは、

「わかりました。彼らの志を十分に生かすようにいたします」

また判決が出てから執行猶予になって訪ねてきた被告の一人に、ロンドン軍縮会議の際に軍令部長として天皇陛下に辞表をたたきつけた加藤寛治大将が、涙ぐんでこう言ったそうです。

「君たちはじつに気の毒だった。僕がやらねばならないことを君たちがやってくれた。ほんとうに相すまない」

どういうことなんですかねえ、海軍大将がこんなことを言っているんです。そのぐらい同情的であったということですが、一国の総理大臣を殺したんですから、事件としては大事件なんです。この時、元老の西園寺さんはすっかり日本に失望して政治に嫌気がさし、興津まで訪ねてきた近衛文麿に「もう歳をとった。ほんとうにくたびれた。元老の仕事を返上したい」などと言い出します。また牧野内大臣も、自分が官邸で襲われたせいもあるんですが、もっぱら鎌倉の私邸に籠り、東京へ出てくる機会をうんと減らしてしまいました。

というわけで「君側の奸」の二人が急にへっぴり腰になり、残るは鈴木貫太郎のみになってしまいますが、この鈴木侍従長だけは意気軒昂として大批判をぶちました。

「軍人がだんだん政治に干渉し、政権に乗り出す気運がさかんになってきている。それに邪魔になる人間をどんどん犠牲にする世相になって、犬養内閣も結局この災いにかかったのである。犬養さんがやられた原因は満洲問題と言われるが、一面には政友会内閣の勢力争いが含まれていると観察された。そしてそのやつらは軍人と結託したという噂であった。犬養さんは満洲の独立に反対した。そういう策動家の手先になった軍人が、ついにあの暴行を敢えて行なったのであるが、その後の始末にいたっては、なんとも遺憾きわまりない」

などと発表したので、軍部から完全ににらまれることになります。これが後の二・二六事件につながっていくわけで、物事とはこういうふうに裏に何かの意図があって、複雑に推移していくわけですね。

この五・一五事件が結果的に何を意味するかと言いますと、犬養さんの政友会はここでぶっ潰されて、その後、斎藤実という海軍大将が総理大臣になります。犬養内閣は閣僚も政友会で固めたいわゆる「政党内閣[*6]」で、日本は明治三十一年（一八九八）の第一次大隈重信内閣以来、そういう政党内閣できたのですが、五・一五事件で政党政治は完全に息の根を止められてしまいます。斎藤内閣は「挙国一致内閣」といいまして、もう政党などにかまっておられず、国のためを思う人たちを集めて内閣を組織しました。これ以後もそうなります。つまり五・一五事件の結果として、日本の政党内閣は息の根を止められた。さらに、軍人の暴力が政治や言論の上に君臨しはじめる、一種の「恐怖時代」がここに明瞭にはじまるのです。

五・一五事件は、そういうわけで日本の政治史の上では重大な意味を含んでいるのですが、今言いました通り判決はじつに軽く、それをまた日本の民衆がこぞって歓迎したというおかしな事件となりました。そこから考えれば、日本国民が不景気から抜け出るために必要なものとして、満洲国の建設がそれほど要求されていたことがわかるわけです。

というふうに国内では殺人やテロが次々に起き、五・一五事件後もその恐怖はおさまりませんでした。斎藤実首相暗殺予備事件、藤原銀次郎暗殺予備事件、皇国義勇隊事件、岡田啓介首相暗殺未遂事件と、実際の暗殺は起こらなかったのですが、徹底的に取り締まって捕まえてみると、計画は次々に練られているのが判明する。まことに恐怖の時代が到来しつつありました。

◆リットン調査団が見たもの

一方、満洲では、着々と満洲国建設の歩みがはじまっていました。満洲国を設立するためにはとにかく日本が表立ってはだめで、形としては中国の人たちにつくらせなければ、というので関東軍は奉天省、吉林省、黒龍江省の三省から首席、つまり一番偉い人を呼んで「あなたがたで中央政務委員会をつくり、そこで話し合って意見の一致をみたところで中国本土からの分離独立を宣言しなさい」と指導――決して強制ではなく――するわけです。彼らはさっそく名称、国旗、予算、制度、人事など多くの問題を相談します。ただし関東軍が出したプランをそのまま受け入れていく、たぶんそういうことなのでしょう。

こうなると元首を誰にするかが大問題です。この三人から元首を出したのでは、また互いの足を引っ張る勢力争いで何が起きるかわかりませんから、どうしてもこの三人の上に元首を立たせる必要があります。「よく考えなさい」とでも言ったのでしょうが、関東軍のほうではだいたい決めていました。それが溥儀という清朝最後の皇帝、映画でいう「ラストエンペラー」なのですが、まだここでは出てきません。とにかく関東軍は一切姿を見せずに、自分たちで決めなさい、と後ろで密かに指導する形で話を進めてゆきます。

二月十六日、三省の首席が会議を開き議論は沸騰しましたが、わずか三日間で済んだのは青写真がちゃんとできていたからで、たちまち独立宣言をすることになります。

二月十八日、中国本土と分離して彼らが「われわれの国をつくる」と宣言します。翌日の朝日新聞は、

「新国家が禍根たりしがん腫を一掃し、東洋平和のため善隣たる日本の地位を確認し、共存共栄の実をあぐるに努力すべきであろうことは、いうだけ野暮であろう」

と書きました。要するに「あなた方は新しい国をつくったのだ、がん腫（つまりこれまでの中国人による反日運動のこと）のようなことは一切やめて、これからは東洋平和のために日本

満洲国の皇帝となった溥儀
(1906 - 67)

の地位をしっかり確認して仲良くし、お互いに共存共栄の実を上げるように努力せよ。そんなことは言わなくてもわかっているだろう」と堂々と書いたのです。

蔣介石さんが一番怒りました。当たり前ですね、いきなり独立宣言とは何事だ、とカンカンになって「本土の中国政府が同意しない分離などというものがあり得るか、ましてや独立などとんでもない、認められない」と大抗議声明を発表し、中国本土ではますます反日運動が盛んになってゆきます。

日本はそれに一切構わず、歯牙にもかけません。二月二十九日には奉天で満洲国の独立大会が開かれ、ラストエンペラー溥儀が、暫定的ではありますが元首（執政）に任命されます（のち正式の元首〈皇帝〉になります）。そして三月一日、満洲国は独立宣言をしました。日本国内では五・一五事件はまだ起こっていないものの、暗殺事件がごたごたはじまっていた時に、国外では満洲国が見事に独立してしまったわけです。

しかし中国本土では、反日運動が勢いを増し、学生がいたるところで蜂起し、共産党も先頭に立ってくると、国民政府軍と共産党軍がいつまでも内部で争っているなどとんでもない、

「死を誓って仇を報じ、恨みをすすがん」という民衆の声が大きく叫ばれてきます。

さて全満大会が開かれ溥儀が元首に任命された二月二十九日、国際連盟が満洲国の実態を調べるためにようやく組織したイギリスのリットン卿を団長とするリットン調査団が日本に着きます。そしていろいろと調べた後、七月十九日に日本を離れました。

一方、関東軍は、満洲国はすでにできてしまったのだから、何を調査されようと知ったこっちゃない、立派な独立国なのだから早く国際的に認めればいいのだ、と政府に対して「即時、満洲国を承認せよ」と強引に要求します。新聞もこれに調子を合わせ、九月十五日に日本はとうとう満洲国を独立国家として承認しました。満洲国は、かくて日本だけが認める独立国として存在することになったわけです。

リットン調査団は満洲についてかなり丁寧に、これが日本の謀略であるか、あるいは日本の主張する通り自衛戦争であるのか、あるいはその両方——中国は反日排日ですから、治安を守ろうとするための衝突であったのか、その他いろんなことを調べました。結果だけを言うと、調査団は日本にかなり好意的といいますか、必ずしも日本が悪であるとは決めつけませんでした。満洲国の独立は今後の問題として残るもののまったく全否定ではない、というように日本にとって酷な報告ではなかったものの、ただし十一月十六日までに満洲国から日本はいったん撤退したほうがよいと要求し、これに日本は反対しましたが、たった一票の少数意見でしかなく、十月十二日、国際連盟理事会はそれを決議しました。

その報告を受けた天皇は、鎌倉にいた牧野内大臣を呼んで言います。

「状況はまことに緊迫しているように思われる。もし、これに応じないで西欧列強が経済封鎖をする恐れがあるとすると、日本はどうなるのか、それに際しての覚悟はできているのか。もし西欧列強を相手として戦争をするとなればたいへんなことである。その覚悟と準備はできているのか。陸海軍の大臣に聞いてみたい」

この撤退要求を蹴ったとしたら西欧列強との正面衝突になる、へたをすれば戦争になると昭和天皇は見越していたんですね。だからこれは従ったほうがいいんじゃないか、と盛んに言うのですが、陸軍や外務省はとんでもないという思いに駆られていたようです。

時の内閣総理大臣斎藤実は、海軍大将でどちらかというと穏健な、開明的、平和主義的な考えの持ち主でしたが、先ほど申しましたように「挙国一致内閣」ですからかなり名のある人が集まっていて、中に強硬派もたくさんいるわけです。総理大臣は穏健でも閣僚がものすごい人ばかりだとどうにもなりません。先を見越した天皇の憂慮にもかかわらず、だんだん圧される形で、内閣は強硬論が支配するようになります。

◆「四十二対一」の決議

昭和八年（一九三三）二月十五日の閣議では、陸軍大臣荒木貞夫大将と外務大臣内田康哉が「ここまでくれば、国際連盟から脱退だ」と主張しはじめます。この時は他の閣僚には

「まだまだ」と言う人もいて、斎藤実首相も「とんでもない」というので、結論は持ち越されました。ところがここでまた新聞がやりはじめるんですね。一体ぜんたい今の内閣はなんだ、こんなに国際連盟からひどいことを言われてヘーコラするのかと。

「これ実にこれ等諸国に向って憐を乞う怯懦（臆病）の態度であって、徒らにかれ等の軽侮の念を深めるのみである。……わが国はこれまでのように罪悪国扱いをされるのである。連盟内と連盟外の孤立に、事実上何の相違もない」

つまり、今日本が連盟で孤立しているというのなら連盟の外にいても同じ孤立じゃないか、どこに違いがあるのか、ならば憐れみを乞うようなことはするな、いい加減にしろ。これが毎日新聞（当時は東京日日新聞）二月十八日の記事です。閣議で「国際連盟脱退だ」の主張が押さえつけられた直後にやり出したわけです。

二月二十日、ついに国際連盟は、日本軍の満洲からの撤退勧告案を総会で採択しました。その知らせが届くと同時に、日本政府は断固、国際連盟からの脱退という方針を決定せざるを得なくなります。二十二日、新聞は一斉に「いいぞいいぞ」とその脱退に向けての国策を応援し盛り立てます。当日の朝日新聞には、隅のほうに小さく、

「小林多喜二氏*7、築地で急逝、街頭連絡中捕わる」

の記事が載っています。プロレタリア文学の旗手といわれた小林多喜二が殺されたのがちょうどこの時でした。特別高等警察（特高）が猛威をふるっていたのですね。

国連脱退を宣言する松岡洋右
(1880 - 1946)

正式には二月二十四日、国際連盟は総会で、日本軍の満洲撤退勧告を四十二対一、反対は日本のみで採決します。全権大使の松岡洋右は、長い巻紙を読みながら演説をぶち、「さよなら」と言って席を立って、撤退勧告が採決された際の既定の国策どおり、日本は国際連盟から脱退します。松岡洋右――この人は後にもしばしば出てきます――はこの時、ものすごく強気のように見えて、実はそうではなかったというのが歴史の皮肉なんですね。威勢よく演説をして「さよなら」と随員を総会の会場から引っ張り出して出て行ったのですが、後で、

「こと志と違って、日本に帰ってもみなさんに顔向けができない。仕方がないからしばらくアメリカで姿をくらまして、ほとぼりがさめるのを待とうと決心した」

というふうに全権団の随員で参謀本部員の土橋勇逸中佐に言ったそうです。そしてまさに彼は孤影悄然たる思いでスイスからアメリカに行き、はるか彼方、日本の状況をしばらく眺めていました。ところが驚いたことに、新聞は「四十二対一」を素晴らしいとほめあげ、松岡を

礼讃して「今日、日本にこれほどの英雄はない」と持ち上げていたもんですから当人は大いに喜んで、これは早く帰らねば、と勇んで帰国したというのです。

この思わぬ事態を「文藝春秋」五月号の匿名月評子が批判しています。「連盟の脱退は我輩の失敗である。帰国の上は郷里に引上げて謹慎するつもりだ」とニューヨークでの松岡の告白があった、確かに「連盟脱退は明白に日本の外交の失敗であった」としなければならないのに、新聞はこれを一切報じないし一切問わない。松岡代表のその告白さえ報じていないのである。それで松岡が英雄とはいったい何たることだ、というふうに批判したのです。

日本国民はそのような事態を知りません。新聞は書きませんし、国際連盟からの脱退がその後の日本にどういう結果をもたらすかについての想像力もありませんでした。勇んで「栄光ある孤立」を選んだ、などという言葉でもって、日本国民は「今や日本は国際的な被害者であるのにさながら加害者のごとくに非難されている」と信じ、ますます鬱屈した孤立感と同時に「コンチキショウ」という排外的な思いを強め、世界じゅうを敵視する気持ちになりはじめるのです。排外主義的な「攘夷」思想に後押しされた国民的熱狂がはじまりました。

一番大事なのは、この後から世界の情報の肝心な部分が入ってこなくなったことです。アメリカがどういう軍備をするのか、イギリスがどういうことをしているか、などがほとんどわからなくなります。つまり国が孤立化するというのは情報からも孤立化するということですが、それをまったく理解しなかった。つまり日本はその後、いい気になって自国の歴史をとんでもない方向へ引っ張っていくという話になるわけです。

昭和天皇は、日本が国際連盟から脱退の方針が決してしまった後も牧野内大臣を呼んで、

「脱退するまでもないのではないか、まだ残っていてもよいのではないか」

と聞いたそうです。牧野内大臣は、

「まことにごもっともとは思いますが、脱退の方針で政府も松岡全権もすでに出処進退しております。今にわかに脱退の方針を変更することは、海外の諸国に対しては、いかにもわが国の態度が浮薄なように思われて侮られます。また国内の人心もこれ以上がたがた動揺するのみであります。ですからこの際、この方針を政府が貫くほかはございません」

さすがの牧野さんも五・一五事件以来、腰が引けたせいもあったのか、そう答えました。これに天皇は、

「そうか、やむを得ないのか」

と空を仰いだという話が残っています。

この後、孤立化した日本はいよいよ軍部が支配する国となり、国民的熱狂に押されながら、戦争への道を突き進むことになるのです。

＊1――『大学は出たけれど』小津安二郎（一九〇三―六三）監督、昭和四年封切の短篇。高田稔・田中絹代主演。当時、大卒者の就職率は一二パーセントだったという。

＊2――汪兆銘　一八八三―一九四四、中国の政治家。広東省出身。汪精衛。法政大学に留学。国民党で孫文亡き後の左派指導者として、蔣介石と対立し武漢政府の主席に。しかし結局は右派と妥協して統一政府の首脳に加わる。日中全面開戦にかけて対日和平議論に傾き蔣介石派と抗争、三八年に日本側の近衛声明にこたえる和平宣言を発した。四〇年に被占領下の南京に新中央政府を樹立したが、名古屋で客死。

＊3――不戦条約　一九二八年パリで署名された戦争放棄に関する条約。翌年発効。国際紛争解決や国家政策の手段としての戦争を放棄し、平和的に解決すべきことを定めた。

＊4――川島芳子　一九〇七―四八。清朝の王女ながら日本人の養女となり、軍服を着て日中戦争中には大陸と日本を横断した。終戦後、売国奴として銃殺刑になった。

＊5――愛郷塾　正式には自営的農村勤労学校愛郷塾。農本主義者・橘孝三郎が一九三一年、水戸市郊外に創立した私塾。

＊6――政党内閣　立憲政体のもと、首相が政党党首で、全閣僚またはその多くが政党員からなり、かつ指導勢力が政党にある内閣。

＊7――小林多喜二　一九〇三―三三、小説家。秋田県の農家出身。プロレタリア文学運動に参加。『蟹工船』（一九二九）により革命的リアリズム作家の地位を確立。三〇年に上京しプロレタリア作家同盟役員、共産党員として活躍中、逮捕、特高警察により拷問・虐殺された。

第四章

軍国主義への道はかく整備されていく

陸軍の派閥争い、天皇機関説

この章の

ポイント

日本は戦争景気により、世界恐慌による不況からいち早く脱することができました。そのためマスコミが軍部の味方をし、どんどん軍国主義の空気が助長されていきます。また陸軍内で激しい派閥争いが起き、統制派の永田鉄山が実権を握ります。以降陸軍の政策は「国家総力戦で戦いうる強力な統制国家をつくる」という方向に進んでいきます。さらに天皇機関説問題や国体明徴運動が起こった結果、自由な言論がますます失われていくのです。

キーワード

荒木貞夫／出版法改正／皇道派／統制派／永田鉄山／小畑敏四郎／中国一撃論／天皇機関説／美濃部達吉／国体明徴

◆お祭騒ぎの大防空演習

今日は、日本がますます軍事国家的になっていく過程についてお話します。

昭和六年（一九三一）の満洲事変にはじまって、翌七年の上海事変、さらには満洲独立、そして血盟団事件、五・一五事件といったテロ事件を経ながら、ともかく満洲国を建国し、ウォール街の暴落以来、世界じゅうに広がった社会的不況から日本は戦争景気でいち早く脱することができました。またマスコミが、満洲の曠野における陸軍の連戦連勝を後押しし、笛や太鼓で囃したために、軍部が俄然強気になってきたというのが前回までの話です。

その時にちょうど都合がいいというのか悪いというのか、昭和六年の犬養内閣成立の折、荒木貞夫という大将が陸軍大臣となります。和歌山県出身で陸軍大学校十九期という非常に早い時期にトップで卒業し、天保銭をつけて[*1]ふんぞり返って軍歴を送ってきたような人ですが、これがまたおしゃべり上手なんですね。はったりが利いて演説が得意というので時流に乗り、日本陸軍は「皇軍」つまり天皇の軍隊、日本は「皇国」つまり天皇の国、そして日本人の精神の基本は「皇道」すなわち天皇を守る道にあって、日本は世界に冠たる国、と盛んに言い出すのです。五・一五事件で犬養さんが殺された後も、荒木さんはそのまま陸軍大臣に留まり、太鼓を叩き続けていました。

満洲への進出で金がかかるというので国家予算も年々どんどん膨らみ、たとえば昭和八年度の二十二億三千八百万円は当時としては巨額で、新聞が「日本はじまって以来の非常時大予算である」と書き立てたため、以後「非常時」という言葉がしきりに言われるようになりました。そうなるとすぐに乗っかるのが映画会社で、昭和八年には『非常時日本』という広報映画までできて賑やかに上映される。民衆の中にも陸軍の太鼓叩きに乗っかって「これぞ非常時大会である」と民衆大会を開く人もいて、どんどん軍国主義の空気が助長されます。そして前回話したように、ついに昭和八年三月、日本は国連から脱退して世界を相手にしない、自分たちだけで生きていくのだと「栄光ある孤立」を叫ぶに至るのです。

ちょうど国連脱退の時に荒木陸相がしゃべった言葉があります。

「国際連盟にとどまっているから、日本は思うとおりの軍事行動ができぬ。いま、熱河省（中国の満洲寄りの北の方です）は張学良らの策謀の基地となっている。これを徹底的に討たなければ満洲国の安寧をはかることはできない。熱河討伐が熱河省内だけでおさまるかどうか。あるいは北京・天津にまで兵を出さねばならぬようにならぬともかぎらない。そういう場合、国際連盟の一員でいることは、いろいろな拘束をうけるだけで、日本の利益になることは一つもない。よろしく脱退すべきである」

これが新聞やラジオで大々的に報じられ、ものすごい人気を博しました。陸軍はさらに強気になって、非常時日本なので国民を動員して防空演習（敵機空襲を予想した全燈火を消したなかでの訓練）をやろうという話が出てきます。それが七月二十五日にはじまり、二十七日、二十八日、八月二日と立て続けに行なわれ、ついに八月九日には関東地方防空大演習という大規模なものが行なわれます。

永井荷風の日記があります。

「八月十日。晴。終日飛行機砲声殷々たり。この夜も燈火を点ずる事能わざれば薄暮家を出で銀座風月堂にて晩餐を食し金春新道のキユペル喫茶店に憩う。防空演習を見むとて銀座通の表裏いずこも人出おびただしく、在郷軍人青年団その他弥次馬いずれもお祭騒ぎの景気なり。この夜初更の頃より空晴れ二十日頃の片割月静に暗黒の街を照したり」

最後にお月様が出てくるあたりはいかにも荷風さんらしいんですけれど、このように東京じゅうが真っ暗になるような大演習をやるわけです。

桐生悠々という信濃毎日新聞の論説委員が「関東地方防空大演習を嗤う」という記事を書きました。これは今考えるとまったく当然のことを言っているのですが、当時はものすごい反響で、陸軍がかんかんになってたちまち発禁となり、桐生は責任を取らされる結果になりました。その記事は、「だいたい敵の飛行機が日本の上空に来るという状態になったらもう日本軍の大敗北そのものではないか。紙と木だけの東京の街はぽかんぽかんにやられてどうしようもなくなってしまうではないか」といったことを述べてから、

「こうした実戦が、将来決してあってはならないこと、又あらしめてはならないことを痛感したであろう。と同時に、私たちは、将来かかる実戦のあり得ないこと、従ってかか

る架空的な演習を行なっても、実際には、さほど役立たないだろうことを想像するものである」

昨今、小泉内閣で有事法制が問題になっていますが、敵が攻撃してきた時に民衆をいかにして守るかという議論を今時やっているわけです。考えれば、細長い土地の真ん中に山脈が走っているこの国は、どこの地方でもたいてい海岸線から車で一所懸命に走れば一時間や二時間で山に届いてしまうくらい狭いんです。そこに敵を迎えて民衆をどうのと言っている暇など実際はないんです。ところがそんなことをムキになって議論している。これは昭和八年の関東地方防空大演習と同じようなことじゃないでしょうか。歴史は繰り返すと言いますが、相変わらず懲りずにやってるなという感じです。敵がやって来る前に撃退しなければならない、その前にまず外交的な努力によってそういう事態が起きないようにすることが大事なのに、どうも国会ではいちばん肝腎の国家的政略や戦略が議論されていないようです。桐生悠々がいみじくも言ったとおり、だいたい日本の上空に敵機が来て爆弾を落とすようなことになれば、日本は勝てるはずないじゃないかというのは、非常に妥当な意見だと思わざるを得ません。現実に昭和十九年暮れから二十年にかけて日本本土上空にアメリカのB29がやって来てぼかぼかと爆弾や焼夷弾を落として日本全土がほとんど廃墟になったことを私たちは記憶しているわけです。

それはともかく、当時そんなこととは関係なしに、国民はお祭騒ぎで大防空演習をやっています。そうするうちに防護団、救護団、配給班などが必要になってきて組織化がはかられます。

こうして徐々に国民生活にはいざという時に備える組織ができ、それがだんだん強くなって、ますます陸軍を喜ばせるような軍事国家への準備がはじまるのです。

ここで大事なことをひとつ付け加えますと、すでに厳しくされていた新聞紙法に加えて、昭和八年秋、九月五日に出版法が改正されたのです。出版法は、明治の終わり頃になって少し強化されたぐらいでずっとほぼそのままきたのですが、ここで急に大幅改正されました。歴史的に「改正」といいますが、実はたいへんな「改悪」で、これ以降、当局が新聞雑誌ラジオなどをしっかり統制できるようになり、それは次第に強められていきます。

国民の生活全体の中になんとなく軍事国家の組織化が進められ、同時に後ろ側では言論が統制されはじめ、上に立つ人がやりやすい国家になりつつあった、といっても、一気に、たとえば陸軍が横暴の限りを尽くしてわれわれの生活を乱し圧迫したかといえば、そうではないんです。陸軍はいい気になって調子に乗り、荒木陸相の旗振りで皇軍とか皇国精神とか盛んにやってはいましたが、全体の流れとしてはまだそれほど強くはなかったといえます。その典型的な事件を一つ、具体例でお話しします。

◆陸軍に対する最後の抵抗

事件は昭和八年（一九三三）六月十七日に起きました。

ふつう「ゴーストップ事件」として事典などに出ていますが、大阪で交通信号機ができて間もない、大阪府警察部が得意に思っていたころのことです。「赤は止まれ」「青は進め」という調子でやってましたら、天神橋六丁目交差点で、陸軍歩兵第八連隊中村政一一等兵が赤信号を平気で突っ切りました。交通係の戸田忠夫巡査が「待てーっ」と叫んだところ、中村一等兵は「何を止めるか。俺は公務なんだ」と殴り合いがはじまって、これが「ゴーストップ事件」として話題となったのです。

二人だけの喧嘩で終わればよかったのですが、大阪の陸軍第八連隊は「何をオマワリのごときが馬鹿げたことをやるか、けしからん」といきり立ち、大阪府警察部のほうも「交通信号を守らないとはとんでもない、陸軍だろうが軍人だろうが関係ない」と縣忍大阪府知事も粟屋仙吉警察部長も「陸軍の横暴である」と、頑として抗議をつっぱねました。かくて陸軍対大阪府警察部の大喧嘩に発展したのです。困ったことに、陸軍第八連隊の上の第四師団の井関隆昌参謀長がどうにもならないガンコオヤジで、もう少し融通のきく人ならよかったのですが、一歩も引かない。署長も知事も謝りに来い、それ以外は絶対に許さんと譲りません。一方、受けて立つ粟屋警察部長は厳正なるクリスチャンで、このような横暴に対してはものすごくしっかりした精神の持ち主で、互いにどうにもおさまりません。この互いの言い分を少し引きますと、

粟屋「軍人といえども私人として街頭に出た場合は、一市民として巡査の命令に従うべきだ」

井関「軍人はいつでも陛下の軍人であり、街頭においても治外法権の存在である」
粟屋「それは謬見（誤った考え方）に過ぎない。修正すべきである。さもなければ今後、警察官としての公務執行ができなくなる」

つまり、お前たちが命令を守らないと治安を守れないじゃないか、というわけで、警察側は何であろうと一歩も引かないと頑張る。軍部の方も「統帥権」や「皇軍」意識を振り回し、つまり自分たちは天皇の軍隊であって国民の軍隊ではない、従って天皇のために尽くす軍隊に対して国民ががたがた言うのは間違っているなどと主張して、

「われらはここに光輝ある軍旗を奉じ、皇軍の名誉のため断々乎として戦い、最悪の場合はただ玉砕するのみである」

とまで井関大佐が言うわけです。どうにもならなくなってがたがたするうちに、ついに東京にまで飛び火して、出てきたのが陸軍大臣荒木大将です。これが発奮しやすく、「陸軍の名誉にかけて断固、大阪府警察部を謝らせる」と立ち上がります。警察側も当時、警察を指揮下に置いていた内務大臣の山本達雄と内務省の松本学警保局長が荒木陸相と在郷軍人会を相手にこれまた一歩も引かず大喧嘩をはじめます。にっちもさっちもいかない状況がずいぶん長く続き、新聞は面白いものだから書き立てる、国民もどっちが勝つのか煽り立てる人もたくさんいたようで、ケリをどうつけるかが問題になってきた十月二十三日、福井県で大元帥陛下である天皇が参加する陸軍特別大演習が行なわれました。

その時に天皇は、随行していた荒木陸相にひと言、

「そういえば大阪の事件はいったいどうなっているのか」

皇軍、皇国と自ら言い出したように荒木さんは天皇には忠節なる大軍人ですから「ハハァーッ、必ず私が善処します」とかしこまり、演習が終わって陸軍省に帰ってくると「わが皇軍が陛下にご心配をおかけするとは何事であるか！」と、こういうところは変わり身が早いのですが、ひっくり返って大阪第四師団の寺内寿一師団長に電話して、「いつまでがたがたしているか、直ちに解決せよ」と怒鳴りつけました。ちなみに寺内寿一という人は永井荷風と当時の東京高等師範附属中学校の同級生です。軟派の荷風は硬派の寺内にのべつぶん殴られていたようですが、彼はうんと後にまた出てきます。

ともかくこれではだめだ、和解策を探ろうと縣知事に「なんとかなるまいか」と相談しますが、互いに振り上げた拳はなかなか下げられず、面倒くさいから一番下まで下ろしてしまえというわけで、当事者の中村一等兵と戸田巡査に仲良く握手をさせ、それを写真に撮らせて新聞に載せ、喧嘩は無事に終了したと国民に知らせて一件落着、となりました。

大阪府は何らの処分もなく、陸軍にたてついて正しい道を最後まで貫いたとされましたが、片や陸軍は、荒木さんが天皇陛下に厳重注意をくったことから第八連隊長松田四郎大佐が待命、要するにクビになって陸軍を去りましたから、結果的に陸軍側が非を認めた形になります。

ちなみに最後まで陸軍に屈せず粘ったクリスチャンの粟屋警察部長は昭和十八年（一九四三）

八月に広島市長となり、二年後の八月六日に被爆死しました。

というように、日本は決して一気に軍国主義化したのではなく、この昭和八年ぐらいまでは少なくとも軍と四つに組んで大相撲を取るだけのことができたといえます。ただし、軍にたてついて大勝負をかけた事件はこれをもって最後となり、この後、あっという間というのか、じりじりというのか、ほどなくマスコミも全面的に軍に屈服し、流れはいつの間にか軍の支持に傾き、軍が「ノー」と言ったことはできない国家になりはじめるのです。

◆軍政のエースと作戦の鬼

さてその軍の内部について少し話しておきます。

じつはこの頃、軍の中でいわゆる「統制派」と「皇道派」という二つの派閥ができはじめていたことに注目しておきたいと思います。日本軍は海軍と陸軍に分かれていて、この場合、話の中心となる陸軍は、ひと言でいえば長州＝山口県出身の人を中心に、土佐＝高知県、および肥前＝佐賀県、それに薩摩＝鹿児島県出身の人がグループをつくっていました。たとえば張作霖爆殺事件で昭和天皇に怒られた陸軍大将、当時の田中義一総理大臣も山口県出身の大物でした。

このように明治・大正期の陸軍では長州閥が強過ぎて、ほかから出てくる優秀な人がなかなか偉くなれない、要職につけないという事情もあり、これでは次の戦争が起きた時に勝てないんじゃないか、なんとか軍内部を改革しなければと、大正末ぐらいから若手の優秀な人たちが密かに集まって話し合っていました。つまり第一次世界大戦がいみじくも示したとおり、次の戦争は軍だけでなく国民が参加し、国力のあらん限りを費やして戦わなければならない。いわゆる国家総力戦態勢を日本はつくらなければならない。ところが長州閥に牛耳られているために思うような改革ができない、そこで永田鉄山、陸軍士官学校十六期の同級生・小畑敏四郎、岡村寧次の三人、これに永田の右腕の若い東条英機が参加して、だいたいこの四人で軍内部の改革について唱え、新しい陸軍の建設に向けて動きをはじめていたのです。

そして昭和六年、満洲事変が起きた年ですが、この四人を中心にしたグループがようやく改革の道をきり拓きました。満洲事変についてはもっぱら関東軍の板垣征四郎、石原莞爾らを中心に話しましたが、実はあの時に東京の陸軍中央（陸軍省と参謀本部）では永田、小畑、岡村とともに若手グループが一大勢力をつくっていたのです。

陸軍省では軍事課長・永田鉄山、軍事課員・村上啓作、鈴木貞一、土橋勇逸、補任課長・岡村寧次、徴募課長・松村正員。

参謀本部では第一課長（編成動員）・東条英機、第二課員（作戦）・鈴木率道、武藤章とメンバーがそろいます。

また張作霖爆殺事件の頃に作戦課長だった小畑敏四郎は、満洲事変の頃は陸軍大学校の教官になっていました。

という具合に、改革グループの連中は一番いいポジションをがっちり占め、今の会社でいう課長クラスにズラーッと並び、陸軍中堅として上層部を突き上げていたのです。

そこへ荒木陸軍大臣が登場します。先ほど言いましたが超優秀で口八丁手八丁、政治力もあり総理大臣や外務大臣と対してもびくともせず、一歩も引かない自己主張をもつ人です。人気も上々で、いわゆるポピュリズムの人です。

また参謀本部には真崎甚三郎参謀次長がいました。総長は宮様ですから、真崎がトップの実力者といっていい。佐賀県出身で荒木陸相と同じ陸軍大学校十九期六番というからいずれにしろ優等の成績ですが、若手連中は荒木と真崎の二人を担ぎ上げ、そこに中堅クラスが乗っかる形で、思い通りの陸軍にしようと長州閥解消、内部改革でぐるぐる動き出しました。

昭和七年（一九三二）の人事異動で、永田鉄山が情報を専門に扱う参謀本部第二部長となりました。また小畑敏四郎は運輸通信を扱う同じく参謀本部第三部長となり、戦略戦術の総本山の参謀本部で二人は席を並べることになります。また東条英機は参謀本部編成動員課長に、そして鈴木率道は作戦課長となり、まさに永田の子分の東条、小畑の子分の鈴木がこれまた席を並べたわけです。

小畑と永田は、最初は陸軍改革のためにと協力していましたが、性格的にはどうも水と油だったらしいのです。諏訪市出身の永田は、理屈っぽくがんこである長野県人の資質をそのままそっくりもった人で、絶対に自分を曲げません。陸軍はじまって以来の大秀才で幼年学校も士官学校も陸軍大学校もトップ、部内では合理適正居士といわれるほど、理屈で通らないことは決して認めない人でした。人間は悪くなかったようで、信望は非常に厚かったんです。長野県人特有の勉強家でもあり、「永田の前に永田なし、永田の後に永田なし」と言われたくらいの人物でした。まあエリート官僚だったのですね。

対する小畑は、自身は東京生まれですが、お父さんは土佐藩、高知県出身ですから、坂本龍馬的に発想が豊か、行動的なんです。この人も非常に秀才なのですが、面白いくらいに陸軍の中でも――陸軍軍人には軍政、つまり政治をやるタイプと、軍令、つまり作戦を練って敵に勝つことばかり考えるようなタイプとがありまして――永田鉄山が軍政の権威とすれば、小畑敏四郎は作戦の方のエース、つまり戦術の鬼というわけです。つまり軍人的軍人であった。

軍政の奇才と作戦の奇才が組むわけですから、はじめは仲が良かったのですが、だんだんぶつかり合うことが多くなってきます。片方は発想豊かにいろんなことを提案する、一方は合理主義者ですからそういうことはならん、とこれを蹴る、すると小畑はかんかんに怒って喧嘩になるのですが、その程度ならよかったものの、課長部長になってくると上に立つわけですから、同じ地位の部署につくとそうは簡単にはいきません。子分がくっつき派閥ができる。

この人事は荒木陸軍大臣がやったもので、その際、関東軍参謀副長として赴任する岡村寧次は荒木にこう言ったそうです。

「同じ役所に二人をおくことは厳にやめてほしい。同じ山に性格の異なった虎を放つようなものです。この二人は必ず嚙み合います」

するとあら木は、「面白いじゃないか、大いにやらせようじゃないか、その方が活気があっていいよ」と、そこがこの人のノー天気というかインチキ的なところですが、危険を承知で人事を敢行したようです。

ここから、先ほどの「統制派」「皇道派」の分派がはじまりました。簡単に言えば、統制派の中心が永田鉄山であり、皇道派の中心が小畑敏四郎です。

二人のぶつかり合いは、昭和七年ぐらいからはじまりました。岡村寧次の日記にあります。

「昭和七年六月、帰京してみると（関東軍にいたので満洲から日本に帰ってくると）、すでに部長会議で永田と小畑が激論したの噂を聴く」

「昭和七年七月中旬、小磯（国昭、後の総理大臣）陸軍次官は私に対し、密かに第十六期はまさに陸軍の中堅であるが、今やその分裂の兆候があるのははなはだ遺憾である。これが調整に当たるべきは君よりほかにいない、大いに努力してくれ、と言われた」

「昭和八年八月、一夕会＊2の下層の人々から永田、小畑の間がようやく険悪になってきたということを洩らされた」

という具合に昭和七年後半から八年にかけて永田と小畑が大喧嘩をはじめます。どうしてそうなったのか、非常に面白いところですが、統制派、皇道派という言葉からすると、会社などで自分が偉くなりたいため相手の足を引っ張る派閥争い、権力争いを想像するのですが、そうではなく、さすがに陸軍のトップ二人が衝突した根本の原因は、これからの日本はどうあるべきかについての意見の相違だったのです。

◆「中国一撃論」まかり通る

わかりやすく言えば、小畑敏四郎は、日本の最大の脅威はソ連であり、何よりソ連に対してわれわれは準備しなければならないという立場でした。革命後のソ連は五年計画で国力をどんどん強大にしつつありましたから、「予防戦争論」といって、日本はソ連が強くなってから戦うのでは有利といえない、そうなる前に叩いた方がいいという意見です。昨今のアメリカのイラクに対する予防攻撃、つまり大量破壊兵器の使用前に叩けというのと同じ論理です。対して永田鉄山は、ソ連が強大になるならないの前に、隣に反日排日で日本を敵視している中国がある。ソ連を相手に満洲の曠野で戦おうとする時に、横から中国が出てきて攻撃されたら対ソ連どころではなくなる、まず中国を徹底的に叩くべきだ。今のところ中国は、蔣介石が中心になりつつあるとはいえまだごたごたしていてチャンスがないわけではない、今のうちに叩け、これを「中国一撃論」といいます。

つまり、「予防戦争論」対「中国一撃論」の大論争だったのです。

一般の国民は知りませんし、陸軍でも一番内部のところでの論争です。

昭和八年六月、戦略戦術秘密会議が開かれます。ごく少数の陸軍のエースが集まって大議

論を行なったという記録があります。概略を読み上げてみますと、

小畑「今ならまだ間に合うのである。極東ソ連軍があまり強力にならぬ前に、機会をとらえてソ連軍を撃破しておく。それは、北方（これは満洲ですね）最重点の『予防戦争論』ともいうべきものである。そのためには、いかに抗日の姿勢をみせようとも中国とはことを構えず、アメリカやイギリスとも静謐（喧嘩にならないように）を第一義とする」

永田「ソ連に手を出せば全面的な戦いとなる。今の日本の国力と軍事力をもってしては、単独ではとうていソ連に抗しえなくなる。それよりも、満洲事変の戦果を拡大して、謀略をも併用したうえで、まず抗日、侮日、排日の方針を堅持する中国との問題を一気に処理することが緊要である。すなわち中国を一撃をもって屈服させ、大陸に後顧の憂いをのぞいたのちに、それらの資源を利用して、日本の国力を増進したうえでソ連に当たるべきである」

小畑「ソ連一国を目標とする自衛すらが困難と予想されるのに、さらに中国を敵とすることなどとんでもないことである。中国を屈服させるべく全面的に戦うことは、わが国力を極度に消耗させるばかりではなく、それはアメリカ、イギリスの権益と衝突し（両国は中国にたくさんの権益をもっていますので）、世界を相手とする全面戦争になる恐れがあろう。短時日に屈服、戦争終結など至難のことである。ひとしく東洋民族たる中国とは、実力によらず、あくまで（話し合いによる）和協の途を求めるべきである。それよりもソ連

がより強大となる以前に、好機を求めてこれを打倒すべきである」

両者は正面衝突して一歩も引かない。結局、永田に賛同する将校たち、小畑に賛同する将校たちに分かれてゆき、いつの間にか「永田派」「小畑派」ができるのです。永田の子分の東条英機と、小畑の子分の鈴木率道とは、もう口をきかなくなります。やがてこうした大議論のほかにも両派は互いに悪口を言い合うようになり、たとえば小畑派が言うには、

「永田は北満鉄道（満洲北部の鉄道です）をバカげた高い額でソ連から買うばかりでなく、軍需工場育成の名目でこの金を財閥にばらまき、彼らと組んで利潤をむさぼろうとしている。しかも、この金は国民の血税だ。その金でソ連の軍事力をかえって充実せしむることになり、それによってつくられたトーチカ（陣地）は、やがていつの日にかわが将兵の血をもって攻撃せねばならなくなる」

新聞が書いてるんじゃなくて、陸軍の人たちの内部文書なんですが、永田という男は何をやってるんだ、というわけです。すると永田派も、

「小畑は神がかり的な男で、せっかちな対ソ主戦論者だ。戦争狂だ。その対ソ予防戦争論なんて底の浅い、なんの根拠もないものだ。ソ連討つべしと叫んでいるが、玉手箱を開いてみれば、戦略も戦術もないお粗末さだ」

つまり上の方で議論をやって、下の方では足の引っ張り合い、悪口の言い合いを盛んにやりだして、ついに陸軍部内は二つに割れ、むちゃくちゃな状態になってきました。そこで荒木陸

軍大臣は、「だめだ、いつまでもこんなことをやらせていても仕方がない、喧嘩両成敗だ」と昭和八年八月、永田鉄山と小畑敏四郎を陸軍中央から遠くへはずし、地方の旅団長に少将として赴任させました。

ここまでは一応、荒木も何とかいい顔をしていられました。しかし口ばかりの人はいつか尻尾を出して人気も落ちます、「あいつは銭湯だ、湯ばかり（ゆう＝言うばかり）だ」というわけで、昭和九年一月、病気もあって荒木大臣はついに辞任し、陸相が林銑十郎大将に代わります。軍隊も人間がやっていることですから、ふつうの会社と同じなんですね、人が変わると政策も変わる。社員の気持ちも変わる。林銑十郎はどちらかというと永田派に担がれる「統制派」の大将格でした。ですから陸相になったとたん、地方へ飛ばしたばかりの永田鉄山をすぐ中央に戻し、陸軍の政治すべてを扱う軍務局長にもってきます。

すると永田はその政治力をもって小畑派と思われる対ソ連主戦論者を次々に飛ばし、中国一撃論を主張する人たちを呼び寄せて周りを固めたのです。永田派の勝ちとなりました。こうして小畑派「皇道派」は総退陣となりました。

十年ほど前に、小野寺百合子さんという方が本を書きました。*3 夫である陸軍のスウェーデン駐在武官が、太平洋戦争中に早期和平を唱えて東京へ情報を送り意見具申するなど懸命に働きかけたが、当時の東条内閣を中心とする陸軍中央部は一切これを認めなかったと。小野寺さんは小畑派でした。したがって派閥からいえば亜流、傍系であり、飛ばされたままで取り合ってもらえない状況だった。戦争の終わりまでこの争いの影響が続いたというのがミソです。

このまま話を進めてゆくと二・二六事件にいってしまうのですが、それは次回に回します。要するにこういう形で昭和九年のはじめ、林銑十郎が陸軍大臣になり、永田鉄山が中央に戻って軍務局長になるあたりから、だんだん陸軍は一枚岩になってゆくのです。同時に非常に優秀なる軍務局長が中心に座りましたので、その指揮のもと、陸軍はたいへん強力な組織になりはじめるのです。つまり陸軍の政策が、「天皇の軍隊」として国家総力戦で戦いうる強力な統制国家をつくるという方向で統一されました。

◆「天皇機関説」の目的は？

その時、問題となるのは、天皇陛下の存在でした。後にもう一度、詳しく話さねばならないのですが、ここで簡単に言っておきますと、天皇とは、天皇であると同時に大元帥陛下なのです。天皇陛下として国政をみる、外交をみる、内閣の言ってきたことに対してノーと言わない形で国の政治の上に立っている。もう一つ、大元帥陛下としては、陸海軍の最高最大の指揮官であり、天皇陛下とは別の人格として陸海軍は直接にこれを上にいただいているわけです。そこで軍部にとっての問題は、大元帥はいいとしても、国政をみる天皇陛下のほうがときに始末に困ることがあることです。というのは、天皇陛下が「ノー」というと、陸海軍がやろうとしていることがうまくいかない場合がでてくる。

これまでも張作霖爆殺事件や満洲事変で、早く言えば天皇をだますために、納得させるために、陸軍はさんざん苦労してきました。そこで、陸軍としては天皇陛下の存在をもう少しはっきりさせておこう、今後の国民意識統一のためにも天皇陛下がどういうものであるか、国民に示しておこうじゃないかということで、一つの策略がはじまります。

陸軍だけがやったのではありませんが、その頃はすでに陸軍と一緒になって皇道精神とか総力戦態勢をつくるために国民は一つにならなくてはならないとか盛んに唱える人は政治や経済や文化の世界に大勢いましたから、これをうまくつかって、「天皇機関説」問題というのをぶちあげたのです。

すなわち昭和十年（一九三五）二月十八日、貴族院本会議で突然、菊池武夫という右翼の議員が、東京大学教授で憲法学者でもある美濃部達吉貴族院議員が書いた『逐条憲法精義』と『憲法撮要』が実にけしからん、日本の国体を理解せず、それを曲げて書いている、発禁処分にすべきであると言い出したのが発端となり、大議論に発展してゆきます。

いったいこの議論は何を目的としているのか、当時の「文藝春秋」が明確に突いて、城南隠士という人の匿名記事を載せています。要するに、この騒動の裏側には「日本を縦断して流れる二つの潮流の争い」があるのだとし、その一方は西園寺公望を本尊に牧野伸顕、斎藤実、高橋是清、鈴木貫太郎、湯浅倉平、一木喜徳郎ら、いわゆる宮中の天皇側近たちの一分の隙もなく固めた穏健グループであり、またこれに敵対するグループに平沼騏一郎を旗頭とする強硬路線の面々があり、これに軍部が結びつこうとして言い出したことである、といみじくも喝破するわけです。さらにこう言います。残念ながら、当時は検閲があって××となっているのですが、ここでは××に言葉を補って読んでみますと、

「××（軍部、以下同じ）がこの騒動を起こしたとは言えんが、××を中心とする連中の間から、美濃部糾弾はまず巻き起こされた。議会で先陣を承った菊池（武夫貴族院議員）は××とは切っても切れん同志の一人だ。議会の始まる前から美濃部説を攻撃して居ったのも、みな××とは近い連中じゃ」（「文藝春秋」昭和十年四月号）

さらに突っ込んで言っています。

「美濃部党の憲法解釈で、現存する一番の先輩は枢府（枢密院）で憲法の鍵を預る××（一木喜徳郎）じゃ。……美濃部を攻撃し、その学説一切を駆逐するとなると、最後に出て来るものは□□（宮中）じゃ。……この運動が□□に及び、万一××（一木）が何かの形で責任を執らねばならんような破目にでもなると、西園寺、牧野、斎藤、高橋、××（一木）とつながる重臣層には一大破綻が起こる。美濃部騒動の××××（根本理念）はここじゃ」

と、騒動の裏側にあるものを暴きたてているわけです。

確かに軍部にとっては、天皇を守っている穏健和平分子である重臣層が邪魔でしょうがないんです。あの「君側の奸」どもを叩きつぶすにはどうしたらいいのかを常に考えている、その

作戦の一つとして美濃部達吉という憲法学者を槍玉にあげて、そこから宮中穏健グループにメスを入れようとしたのではないか、というわけです。この見方は正しいと思います。当時、よくまあ騒動が起きてすぐにこれを書き、よくまあこれを載せたもんです。この城南隠士は、御手洗辰雄という政治評論家なのです。

では「天皇機関説」とは一体何なのか。たいへん難しく、くどくどやってもわかりづらいのでこれまた簡単に申しますと――。

天皇機関説とは、どうやら考え方は三つに分かれるようです。一つは、帝国憲法（明治憲法）にいう天皇の絶対的権威を認める。だけども天皇はそれを駆使しないで、国家の上に乗っただけの機関であるべきだとする。

二つめは、天皇が国家を統治することも陸海軍を総指揮することも一応は認めるが、むしろ政府が主体的にできるだけ立憲的に（憲法の範囲内で）自由主義的に国家を運営しようじゃないかという機関説。つまり議会や内閣の権限を、天皇のもつ大権威に対して相対的に認め、徐々にそれを強めようというもので、これが美濃部さんの説です。

三つめは、天皇の権威や地位はそんなものじゃない、絶大であり国家主権の絶対のものである、その力を使って国家をよりよい方向に運営してゆこうという説です。要するに後の日本国がそうなってしまい、絶対である天皇の権威と力を利用して国家がどんどん運営されてゆくのですが、これを唱えた中心人物が北一輝というわけです。

結局は三番目の説が生きてきて、二・二六事件後、昭和の日本では、天皇の名のもとにあらゆることが決められていくのです。以上のようにこの頃から、宮中穏健グループが陸軍のいつか蹴落とすべき標的になっていたことがはっきりするのです。

『昭和天皇独白録』には、「私は国家を人体に譬へ、天皇は脳髄であり、機関と云ふ代りに器官と云ふ文字を用ふれば、我が国体との関係は少しも差支えないではないか（略）」とあります。つまり天皇は天皇機関説でよろしい、それもあえていえば、この二つめでいいと考えていたといっていいでしょう。

◆万世一系の天皇の統治

もう一つ、これと関連してほぼ同じ時に、議会や言論界で「国体明徴」問題が起きます。これもわかりやすく説明するのは難しい。長々とぶたねばならないのでまた簡単に言いますと、日本とはいったいどういう国かということが大議論になったのです。要は「この国のかたち」を決めようということですね。「国体明徴」をめぐってはあらゆる議論が噴出し、「改造」や「文藝春秋」などの雑誌にたくさん論文が載りました。その果てに、当時の岡田啓介内閣が昭和十年八月三日、結論として政府の考えを発表しました。

「恭しく惟みるに、我が国体は天孫降臨*4の際下し賜える御神勅に依り昭示せらるる所にして、万世一系の天皇国を統治し給い、宝祚の隆は天地と与に窮なし……」

訳しますと、日本の国というものは、天孫降臨の時に下した神様のお告げによって明らかなように、万世一系の天皇が国を統治し、その天皇が祀る恵みは天地とともにきわまりない、つまり日本の国は万邦無比、他にはない神様のお告げによってできあがった国である、天皇がこの国を治めるということは神代の昔から決まっているのである、それを今さらがたがた言うとはなんたることか、というわけです。

こう政府が認めてしまったために、日本は以降、まさに天皇陛下が統治し給う国家であって、機関説などと言って天皇の力を弱めようだの認めまいだのというのはとんでもない大間違いだということになり、文部省は各学校に「国体明徴」を呼び掛け、陸軍もまた大喜びでこれを盛んに言い立てる。反対意見の人たちへの攻撃がこの辺りから政治の表面にまで出てくるのです。

国体明徴運動のおかげで、その後日本はごたごたしはじめます。

まず、先ほども出た枢密院議長の一木喜徳郎さんが襲われます。危なく一命を落とすところを助かりましたが、この衝撃は非常に大きいものでした。先の城南隠士、御手洗辰雄さんの文章にある通り、一木を叩き落とすことによって宮中グループはがたがたになると見込んでいたためで、途端に牧野伸顕内大臣も辞表を出そうとする、元老西園寺公望も政治に嫌気がさし静岡県興津の私邸に籠りっぱなしになる、というように、天皇側近の穏健自由主義者たちはどんどん腰砕けになってしまうのです。

残る鈴木貫太郎侍従長、斎藤実はがんばっています。高橋是清蔵相も予算面で軍部に楯突いて、予算を減らしたりします。彼らはみんな二・二六事件で狙われることになります。

永井荷風が、昭和十年七月六日の日記でこう書いています。

「空中演習にて市街点燈を禁ずという。暗黒歩み難きをもって門を出でず。早くより臥蓐（寝床）に横たわり『文芸倶楽部』の古本を読む。明治三十一年七月号の誌上に大町桂月が楠正成の自殺を論ずる文あり。今日かくの如き言論をなす者あらばたちまち危害を加えらるべし、明治三十年代は今日に比すれば言論なお自由なりしを知るべし」

天皇機関説、国体明徴の政府声明以来、日本の言論はものすごく狭められました。自由はどんどん失われていきます。この先、日本は万世一系の天皇が統治し給うところの神国である、という大基本ができあがり、そこから逸脱する言論などはたちまち罰せられるようになりました。心ある人は皆、口を閉ざすようになりました。

要するに昭和十年前後の天皇機関説問題や国体明徴は、一応は「思想」の問題でありながら、実は定まった標的を叩きつぶすための論議でありました。裏に陸軍の工作がある。こうして自由な言論は封殺され、軍国主義化が進みます。そして日本を根本から揺るがし、軍の強大な力を誇示する二・二六事件が起こるわけです。

＊1――天保銭　陸軍大学校の出身を示す徽章が江戸時代の天保銭とよく似ていた。

＊2――一夕会　昭和四年（一九二九）、石原莞爾、東条英機、板垣征四郎ら陸軍佐官クラスの将校たちが結成したグループで、昭和軍閥の誕生を決定づけた。

＊3――小野寺百合子さんの本『バルト海のほとりにて――武官の妻の大東亜戦争』（一九八五年、共同通信社）。小野寺さん（一九〇六―九八）はスウェーデン駐在武官として赴任した夫の小野寺信陸軍少将を助け、暗号電報の作成などに携わった。また戦後はフィンランドの作家トーベ・ヤンソンの「ムーミン」シリーズの翻訳で活躍した。

＊4――天孫降臨　天照大神の命を受けて、天津彦彦火瓊瓊杵尊が高天原から日向国高千穂に天降ったという神話。

第五章

二・二六事件の眼目は「宮城占拠計画」にあった

大股で戦争体制へ

この章のポイント

一九三六（昭和十一）年、二・二六事件が起こります。皇道派の青年将校たちが政治腐敗や農村困窮は元老や重臣たちのせいだとし、彼らを排除しなければならないと考えて実行しました。しかし昭和天皇はこれを反乱と断定して怒りを鮮明にし、直ちに鎮圧を命じます。事件は収束しますが、以後の軍部は絶えず〝二・二六〟（テロ）の再発をちらつかせて政財界・言論界を脅迫し、ほとんどの体制が軍部の思うがままに動いていくことになるのです。

キーワード

相沢事件／日本改造法案大綱／陸軍パンフレット／二・二六事件／高橋是清／広田弘毅／軍部大臣現役武官制／日独防共協定／北守南進／不穏文書取締法

◆「たたかひは創造の父、文化の母」

前回、陸軍が統制派と皇道派に分かれ、皇道派のエース・小畑敏四郎少将が遠くに追いやられ、陸相の交代により統制派の永田鉄山少将が軍務局長として中央に戻ってきて俄然、統制派が力を得たことを話しました。

ところが現実はそう簡単にことが決着してしまうわけではなく、軍内の入り乱れのごたごたは続きます。いぜんとして荒木・真崎両大将に傾倒する大尉中尉少尉といった若い青年将校が、偕行社*1や料亭に集まって、あるいはその少し上にあたる少佐中佐が参加して、いろいろと議論が展開されました。なかでも象徴的なものをいくつか紹介しますと、後に永田鉄山を刺殺した相沢三郎中佐と、戦後も長く生きた統制派の池田純久中佐との間で交わされた議論です。

池田「われわれは軍内の特定の将軍（この場合は荒木貞夫大将をさします）をかついで革新をやる考えは適当でないと思う。軍の組織全体を生かし動かし、一糸乱れぬ統制のもとで革新に進みたいのだ」

こういうところから「統制派」という名称が出るのですが、軍を統制してひとつになって革新をしたい、という主張です。対して相沢中佐は、

相沢「革新が組織で動くと思うなら認識の不足である。ドイツを見よ、ヒトラー総統は伍長

ではなかったか！　彼は下士官の身をもって全ドイツを動かしたのだ。つまり革新は、組織というよりむしろ個人の力でやるものだ」

あるいはまた、次のような論議もありました。

「青年将校は勝手に政治運動をするな。お前たちの考えている国家改造は、われわれ省部（陸軍省と参謀本部）つまり陸軍中央が中心となって断行していくから、それを待っていろ」

と統制派の士官が言うと、皇道派の青年将校が、

「いや、あなた方陸軍大学出身のエリートに、どうして今の農村や漁村のほんとうの窮状がわかるのですか。それは自分たちのような、農漁村出身の兵隊とともに日夜訓練している者だけがわかるのです」

とつっぱねます。すると陸大出のエリートが言います。

「今後、中央の方針に従わなければ、われわれは諸君らを断固として取り締まる。いいか、政治活動をやるなら、軍服を脱いでやれ」

これは上からの押し付けですね。こういった議論ががちゃがちゃ行なわれます。満蒙の危機を受けとめ、軍を刷新して近代の国家総力戦に合う日本をつくりたいという点で陸軍全体の気持ちとしては一致していながら、統制派と皇道派は方法論で分かれるのです。根本では、前回申しましたように戦略的な対ソ連中心論（予防戦争論）と対中国一撃論ですが、さらに下のほうではこのように国家を革新する、総力戦態勢にもっていくための方法論で意見が分かれてい

たのです。

ここでとくに問題視されるのは、北一輝の『日本改造法案大綱』です。皇道派の青年将校たちがこれを大いに学び、おもむろにではあるけれど、「天皇は全日本国民とともに、国家改造の根基を定めんがために、天皇大権の発動によって三年間憲法を停止し、衆議院と貴族院の両院を解散し、全国に戒厳令をしく」、そうして大改造に踏み切る、という考えをもつようになるのです。日本の貧しい窮状を救うためには、つまり「改造なくして繁栄なし」で、そのためには天皇をかつぎ、憲法で定められているところの大権を発動して、軍部が政治や経済をがっちり押さえてやらなければだめなんだと本気で考え出すのです。

ところが統制派のエリート将校たちは「そんなばかなことをしても国民はついてこない。おれたちにまかせておけ、必ず日本を総力戦に見合う強固な軍事体制国家にしてみせるから」とつっぱねる。しかし口だけで言っても埒があかないので、どうしたら国家を改造できるのかを文書にしました。いわゆる「陸軍パンフレット」、「陸パン」とよく略されますが、正式に言えば『国防の本義とその強化の提唱』をつくり、陸軍省の新聞班から公表します。書いたのは、先ほども登場した陸軍省軍務局軍事課員の池田純久中佐を中心とする統制派系の中堅で、それは非常に有名な言葉ではじまります。

「たたかひは創造の父、文化の母である」

戦争があらゆるものをつくりあげる父であり、文化の母である。そうした戦争にいつでも応じられる日本にしなければならないというのです。今読むとものすごい文章で、「国防、国防」のオンパレード、日本人はもっとしっかりしなければならないという激励で埋まり、全編にみなぎるのは濃厚な好戦的な軍国主義的思想で、それを粉飾するために厚化粧の美文が書かれているのです。

「国防は国家生成発展の基本的活力の作用なり」「国民は必勝の信念と国家主義精神を養い、それには国民生活の安定を図るを要する」と、それを実に厳かに書いています。そして現在の日本の資本主義は誤っている、修正しなければならない、として、

一、国家観念の強調――天皇制国家の強調ですね。

二、社会政策の振興――資本主義をもう一度考え直すということ。

三、統制経済*2の提唱――後に戦争に入ると統制経済が中心になりますが、この時から考えられていたのです。

要するに日本が国家総力戦態勢、高度国防国家をつくるためには自由主義ではだめだ、ナチス・ドイツのように資本主義経済体制をこわして統制経済にせねばならないのだと説くわけです。つまり軍が統制する国家です。

この「陸パン」が出ると新聞などマスコミも驚き、経済界などは「なに？　おれたちのやっていることの全否定か？」と一番びっくりしました。ところが陸軍内部では、皇道派の青年将校らもこの文書を大歓迎し、これがそのまま実行されるのならわれわれが考えている国家改造

など無理に強行しなくてもいいではないか、統制派のエリート佐官クラスが全部やってくれるのなら任せようではないかという気持ちにもなったのです。

ところが、「陸パン」が出た昭和九年（一九三四）十月一日から間もなくして、衆議院が驚いて、議会に新聞班長で統制派の根本博大佐を呼んで事情を聴取すると、大佐はこう言ったというのです。

「近代の国防を論ずるにあたっては、あの程度まで言及する必要があると思ったからの文書であって、他には何の目的もない。それが問題になって新聞班としては迷惑をしている。したがって、これを実行に移す意志はない」

さらに十一月の特別議会では、民政党や政友会がガンガン陸軍に文句を言いました。それに陸軍大臣の林銑十郎大将は、「これは軍の一つの意見ではあるが、必ずしも実行しようというものではない」と弁明しました。何のことはない、「陸パン」という素晴らしい花火は上がったものの、あっさり腰砕けというか、大言壮語はぱらぱらと散ってしまった感じで、皇道派青年将校らはア然とするとともに、「もはや、統制派のエリートどもは信用ならない。あれに任せておいては近代戦を戦える国防国家の日本はつくり得ない」と、裏側で動きを急ぎはじめたのです。

◆立派であった夫人たち

昭和十年（一九三五）が明けたころから、皇道派のいわゆる隊付き青年将校、中央官庁ではなく実際に連隊にいて部下との訓練に明け暮れている将校たちが、徐々にはっきりした動きを見せてきます。彼らはもはや統制派で固められた陸軍中央に信をおいていません。そのもっとも具体的な表れとして、八月十二日に大事件が起こります。今の三宅坂の国立劇場の辺りにあった陸軍省の軍務局長室に皇道派の相沢三郎中佐が乗り込んできて、いきなり軍刀を引き抜き永田鉄山少将に斬りつけたのです。発表はその日の夕方まで伏せられましたが、永田は即死でした。しかも「お前は何をしたんだ」という上官に対し、相沢は「国を危くする張本人を斬り殺して参りました。これから台湾に赴任いたします」と平然としていたという話も残っていて、いずれにしろ統制派の中心である永田鉄山が白昼に惨殺されたのです。「相沢裁判」といいまして、当然ながら軍事法廷にかけられて中佐は罪を問われました（翌年六月三十日死刑判決、七月三日刑の執行）。

これを契機として「相沢に続け」の思いが青年将校たちの胸にふつふつと湧いてきました。中央エリートたちは農村漁村の本当の窮状がわかってない、あの連中に国家改造などできない、ならばわれわれの手でやろうじゃないか、と青年将校運動が急転回し、拡大してゆくのです。

ここから先は「確証」の無い話がいくつか続きます。青年将校でもうんと若い人たちは純真な気持ちで国家改造を考えていたが、その少し上、大尉や少佐といった人たちになると若干、そう純真でもなかったのではないか、統制派から権力を奪還するために立ち上がったのではないかという説もあるわけです。

一方で相沢裁判が続いていて、青年将校がなぜ過激な行動に出たのかということがしきりに論じられていたのですが、その裁判の陰に隠れて密かにクーデタ計画が練られ、だんだん具体化してきます。細かく辿ってお話すれば一日じゅうかかりますが、ともかくそれが昭和十一年（一九三六）二月二十六日の二・二六事件という、大々的な革命運動につながったのです。

その日をわかりやすく時間を追って話してみようと思います。

二月二十六日午前五時、決起部隊、のちに反乱部隊千四百八十三人――これは大々的で、五・一五事件やその他のこれまでの事件は少数の人たちによったのですが、ここには兵隊さんが参加しているのです――が、それぞれすでに決められた襲撃目標に向かいました。

機関銃、重機関銃、軽機関銃、小銃、拳銃など約十万発を越す弾薬を持ち、二月の寒さですから外套を着用し、背嚢を背負い、防毒マスクまで持っていくという完全武装でした。

歩兵第一連隊、これは今の赤坂九丁目辺りにあったのですが、栗原安秀中尉、対馬勝雄中尉、林八郎少尉、池田俊彦少尉らが指揮して約三百名が、首相官邸に岡田啓介首相を襲撃。

近代日本史上最大のクーデタ、二・二六事件は厳寒の東京を不穏な空気で覆った

二・二六事件関連地図

同じく丹生誠忠中尉、香田清貞大尉、竹嶋継夫中尉、そして元軍人だった民間人の山本又、磯部浅一、村中孝次ら約百五十名が、陸軍大臣官邸を占拠。

歩兵第三連隊、これは今の六本木の日本学術会議辺りにありまして、安藤輝三大尉らが率いる約百五十名が、鈴木貫太郎を侍従長官邸に襲撃。

同じく坂井直中尉、高橋太郎、麦屋清済、安田優各少尉ら約百五十名が、斎藤実内大臣私邸を襲撃。

その高橋、安田の小隊約三十名が分派して、渡辺錠太郎教育総監私邸を襲撃。

さらに野中四郎大尉、常盤稔、清原康平、鈴木金次郎各少尉ら約四百名が、警視庁を占拠。

近衛歩兵第三連隊、中橋基明中尉、中島莞爾少尉ら約百名が、高橋是清蔵相の私邸襲撃。

また、栗原、中橋、池田のほか田中勝中尉も加わり、朝日新聞社襲撃、日本電報通信社、東京日日新聞社などに決起趣意書を手交した。

別動の河野寿大尉が指揮する臨時編成の八人の一隊が、湯河原伊藤屋旅館別館の前内大臣牧野伸顕別邸を襲撃。

という具合に岡田首相、鈴木貫太郎侍従長、斎藤実内大臣、高橋是清蔵相、牧野伸顕前内府が襲われ、うち内大臣斎藤実と大蔵大臣高橋是清、そして教育総監渡辺錠太郎の三人が殺されました。重傷を受けたのは鈴木貫太郎侍従長、間違えられて助かったのが岡田啓介首相。牧野は無事脱出しました。このように天皇側近の要人を次から次へと襲撃して殺害したのです。

この時、非常に立派だったのが、狙われた人たちの奥さんでした。斎藤内大臣の夫人春子さんは、火を吐く機銃にすがって「殺すなら私を殺してからにして」と身をもって夫をかばい、無理やり引きはなされて内大臣は四十数発の弾丸を受け、即死しました。高橋是清蔵相は、撃たれたうえに左腕を斬られて死んだのですが、夫人の志なさんは来訪した新聞記者に向かって「青年将校は卑怯に存じます」と言い放ちました。また渡辺錠太郎夫人のすずさんも立派でした。いきなり入ってきた青年将校たちに、「帝国軍人が土足で家に上がるのは無礼でしょう。それが日本の軍隊ですか」と銃剣の前に立ちはだかったという話もあります。また鈴木貫太郎夫人のたかさんは、夫が四発撃たれて倒れたところへとどめを刺そうとする将校に、「武士の情けです。とどめだけは私に任せてください」と制した。これを指揮していた安藤大尉は「閣下に対し敬礼」と号令をかけて捧げ銃をしてそのまま引き揚げていきました。

このように、奥さん方が危急の時にじつによく頑張ったという話が、この殺伐たる二・二六事件にちょっとした明るさをもたらしてくれるのではないでしょうか。

問題は、いったい何を考えてこのような事件を起こしたのかです。総理大臣岡田啓介、侍従長鈴木貫太郎、内大臣斎藤実、彼らは海軍出身で、昭和天皇に直接上奏できるわずかな人間です。この人たちを天皇から離してしまえば、直接天皇につながる人物で残るのは陸軍では陸軍大臣川島義之と参謀総長閑院宮載仁親王ぐらいしかいません。この二人とも、どちらかというと皇道派系、つまり都合のいい人物です。そうして天皇を孤立させて皇道派がうまい具合にやろうじゃないかという魂胆がみえみえ、ともとれる。そこで皇道派の大将たち、荒木貞夫や真崎甚三郎、本庄繁らが噛んだ大陰謀ではないかという説が出てくるのです。

ところが、そんな馬鹿な話があるもんか、という意見も出てきます。実際、後に反乱軍将校が軍事裁判でこれを全否定しています。われわれは貧困な人びとのために起ったのだと。しかしさてどうか、というところもいくらかはあるのです。

なお、参謀総長には昭和六年から十五年まで、閑院宮が任じられています。これに和するように軍令部総長に、すでに何度か登場しています伏見宮博恭王が、昭和七年から十六年四月までついています。皇族を統帥部のトップに戴くというのは、重しとなっていいともみられますが、これを上にまつりあげて実はロボット視してしまうことが多く、下剋上の風潮が大いに助長されることになりました。

◆「玉を押さえる」ことの意味

この事件勃発を天皇陛下が聞いたのは午前五時半頃です。宮城の中にいた甘露寺受長侍従の報告によるものでした。その甘露寺さんがなぜ事件を知ったかといいますと、鈴木侍従長のたか夫人が、貫太郎が撃たれた、なんとかして救わなければ、というので医者の手配をしてもらうため宮中に電話をしたのが第一報で、それを甘露寺侍従が受け、「大変だ」と天皇に報告したわけです。

ここで私の立てた仮説ですが、たかさんは、天皇の子供の頃の乳母さんなのです。皇子というのは、小さい頃から両親と離されて一人で住むことに決められているのですが、その時にそばにいる、要するに母代わりがたかさんで、一方、鈴木侍従長は昭和のはじめからずっと天皇のそばにいますから父親のような立場です。いってみれば昭和天皇にとってもっとも親しみのもてるのがこの夫妻だったのです。そのたかさんから第一報が天皇に伝えられたのです。しかも父代わりの人が陸軍軍人によって襲撃され弾丸四発を撃ち込まれて瀕死の重傷、ということを母代わりから最初に聞かされた昭和天皇は、愕然となると同時にものすごい怒りを感じたのではないでしょうか。したがって、天皇は事件に対してこれからたいへん厳しい立場をいっぺんにとるようになります。

午前六時過ぎ、急いで宮中に出てきたのが本庄繁侍従武官長です。この人も天皇の側近で奏上できる身分で、かの満洲事変の際に全指揮をとって、本来切腹すべきところを逆にお褒めにあずかって侍従武官長になり、しかも男爵という爵位をもらったという皇道派の重鎮です。直ちに天皇陛下に拝謁しますと、いつも背広姿の昭和天皇は、この日は朝から大元帥の軍服に身を固めて出てきたのです。ということは、天皇はこの事件を、耳に入った瞬間から「陸軍の反乱である、従って軍事問題であって内政問題ではない、大元帥として対処すべきだ」

と考えたに違いないんです。つまり事件は軍の統帥の問題であると。

そして、こういう事件が起きました、と本庄繁が報告する前に、「とにかく早く事件を終息させよ、禍を転じて福となせ」と言った。つまり「よくやった」などの言葉は当然あり得ませんが、大元帥として「事件を早く抑えろ」と命じたのですね。この天皇の最初のひと言から、この事件は、青年将校たちの思う方向へは動いていかなくなるわけです。

さらに本庄繁侍従武官長が宮中に入るとほぼ前後して、宮内大臣の湯浅倉平、侍従次長の広幡忠隆、内大臣秘書官長の木戸幸一の三人が宮中に集まって協議を行ないました。「反乱軍をすみやかに鎮圧せよとの命令が陛下より下された。この方向で事件を抑えよう。そのためには、岡田首相がやられたということゆえ内閣総辞職ですぐに暫定内閣が設置されるべきだが、これは内政問題ではなく軍事問題である。大元帥命令によって、そのような仮の内閣は何があっても置かない」と決めました。三人がなぜ暫定内閣は置かないという見方をしたのかは興味深い問題なのですが、とにかくそれで一致して、午前七時に湯浅宮内大臣が天皇に上奏すると、天皇は「私もそのように考えていた」と同意しました。

この二つ——つまり天皇が早く事件を終息させよと言うほど怒ったこと、そして暫定内閣はつくらず、とにかく天皇の命令によって事件をおさめるという方針が、二・二六事件が青年将校たちのもくろみ通り——真崎甚三郎を首班とする暫定内閣をつくり、軍部主導による国家改造に突き進む——には進まないことを決定づけた、つまり事件の起きた数時間後にはすでに決起の「失敗」が決定していた、と言ってもいいのです。

青年将校たちのもくろみとは、先ほど言いましたとおり、岡田・鈴木・斎藤という「君側の奸」、最高の側近たちを襲撃して――歴史に「もし」はありませんが、考えれば何も七十のじいさんを殺す必要はないんですよね、銃剣で脅してどこかに集めて閉じ込めておけば話は済むんですが――殺してしまうんですよ。事件後の軍事裁判の結果、青年将校はたいてい銃殺されるのですが、私は生き残った若い少尉四人に戦後もずっと後に会いまして「殺すことはなかったんじゃないですか」と聞いたところ、四人共「そうなんだよなあ」と、どうも後悔していたようです。ま、反逆的なことをやる気になった時は、人間の気持ちは荒ぶるんでしょうねえ。

それは別にして、彼らが狙ったのは、天皇陛下というものをわが手で押さえてしまおう、そうすれば、明治維新の時に「玉を押さえる」ということで、薩摩と長州と土佐が明治天皇を頭に戴いて偽の命令を出し、あっという間に官軍になってしまった歴史的事実がありますので、この場合も昭和天皇を背後に戴くことによって自分たちが官軍になる、これに敵してくる者たちは賊軍になるという方式を考えたのです。じゃあどうするか、宮城を押さえればいい、そのためにまことに微妙な動きがありました。

決起したのは歩兵第一連隊、第三連隊、近衛歩兵第三連隊の三連隊ですが、その歩兵第一連隊に山口一太郎という大尉がいまして、本庄繁の女婿です。つまり義理の父にあたるこの皇道派の大物・本庄繁を通して、天皇陛下に直接、青年将校たちの悲願を申し上げようというのが狙いだったのです。山口大尉は事件に直接には参加しないのですが、皇道派青年将校たちの理解者かつ兄貴分で、この人が歩兵第一連隊の栗原安秀中尉らに「天皇陛下はお前たち青年将校の気持ちはよくわかっていらっしゃるようである。事件を起こした時に自分が義理の父親である本庄大将に申し上げ、それを本庄大将が天皇陛下に申し上げれば、たちまちに陛下はお前たちの味方になってくれるであろう」と常々話をしていたようなんですね。戦後、四人の青年将校に話を聞くと、天皇陛下の「軍人は忠義が大事である」というお言葉が耳に入ってきた時、「われわれは忠義のために立つのであるから、天皇陛下はわかってくれるはずだ」と理解していたと言うんですね。

ところが、「軍人は忠義が大事である」という言葉は、山口大尉が国家革新のためにだとか何とかどこかで大演説をぶったのが新聞に出て、それを見た天皇が本庄繁侍従武官長に、「こういうことを言う人間はよくない、とにかく軍人というのは政治などに頭を突っ込んじゃいかん、忠義が大切なのだ」と言ったらしく、実際は逆なんですね、それを誰もそうは理解せず、天皇陛下はわれわれの味方であると考えていたのです。

もう一つ面白いのは、立ち上がった青年将校のうち、丹生中尉と池田少尉は薩摩出身、栗原中尉、香田大尉、中橋中尉は佐賀出身、磯部浅一と田中勝中尉は長州出身、こうなると「明治維新」です。彼らは事件を「昭和維新」と銘打ち、自分たちは天皇陛下を尊び、義のために立った「尊王義軍」と称しました。確かに彼らの気持ちの中には「天皇陛下のために立ち上がる、そして陛下はそれをわかってくださる」という確信があったのでしょう。

◆三銭切手が〝仲間〟の符号

さてここからものすごい話になるのですが、そこで彼らは何を考えたのか、先に申しましたが、宮城をまるまる占拠しようとしたのです。ではどうするか、自分たちが城内に入り込んで数少ない門をぴたーっと閉めてしまえばいいわけです。ただし歩兵第一、第三連隊の兵隊が何があったって宮城内に入れるわけはありません。入れるのは近衛歩兵連隊だけなのです。そこに近衛歩兵第三連隊の役割が出てくるわけです。

これを率いるのが中橋基明中尉です。この中橋中隊は当日は赴援中隊に割り当てられていて、何か事が起きた時には宮城内に自動的に入れます。その中橋中隊約百名がまず宮城に入り、中ですでに守備についている近衛連隊の一中隊を説得して味方に引き入れ、宮城を占拠するという計画を立ててました。そして占拠したあとは本庄侍従武官長頼み、ということであったのでしょう。

事実、中橋中尉率いる中隊は半蔵門から宮城に入りました。ところが、ずさんといえばずさんな計画だったんですね。というのは、この連隊が宮城へ行くのに高橋是清邸を通る道があります。現在の虎屋羊羹を渋谷の方に進むと左側にある公園が大蔵大臣私邸があったところで、「それならついでに大蔵大臣もやってこい」ということになったのかどうかはわかりませんが、先ほど言いましたように中橋中隊はそこを襲撃し、高橋是清を惨殺しました。

そういう大仕事、つまり人を一人殺してくるという、余程の決心を固めないとできないことをやった後に、さらに宮城を占拠しろというわけでしょう、ついでといってはなんですが、大事な目的があるのにそのほかにもう一つやってしまおうというのはとんでもない話なんです。ちなみに大蔵大臣をなぜ襲ったのか、先にちょっとふれましたが、予算の問題です。増大する軍部の軍事費増額の要求を一切認めず、高橋蔵相が、軍隊がかんかんに怒るくらいに厳しく予算を絞ったというのが理由で、先ほどの岡田、鈴木、斎藤とは違って、これは憎しみのために襲ったといってもいいのかなと思います。

そして中隊は半蔵門に着き、事件勃発だということでともかく宮城内赴援中隊として宮城内に入ったのです。中を守る近衛師団は少なくとも同志ではありませんから合意するかどうかは微妙だったものの、この辺も非常に安易に考えていたようで、たぶん大丈夫だろうと思って乗り込んでいくと、これがオッケーしないんですね。はじめから中橋を危険人物視している。

ここで歴史にまたイフを持ち出すのはおかしいのですが、もし中橋基明中尉が、もちろん人を一人殺してきていますから気力も萎えていたかもしれませんが、ともかく本気になっていれば……。すなわち、守衛隊司令部で宮城内を守っていた大高少尉は中橋中尉と真っ向から顔を突き合わせて「言うことはきかん、すぐ出て行ってもらいたい」と言った。中橋中尉がそれならば大義のために彼を射殺したならば、です。二人とも拳銃を抜き、互いに顔を見合って、と緊迫した状況であったのですから。それなのに現実には、中橋中尉のほうがまず拳銃をしまった、という経緯だったようです。

面白いのは、警視庁を占拠した野中四郎大尉が率いる歩兵第三連隊は、なんと四百名の大所帯です。警視庁といっても、なるほど当時は「新撰組」と称して猛者たちが集まっていたとはいえ今の規模より小さいでしょうから、何も四百人が行く必要があったのか。野中大尉は決起の名義人ですから許されませんでしたが、常盤稔、清原康平、鈴木金次郎ら少尉たちは占拠をしただけで一人も殺してませんので、裁判で死刑を免れて戦後もよく話してくれました。「四百人も警視庁へ行って一体何をしたのですか」と尋ねると、清原少尉が言うには、とにかくすぐに屋上に上がり、宮城の方を望遠鏡でずっと見ていたと。そして中橋さんの「話はついた。桜田門より入れ」の合図を待ってどっと宮城に入り、一気に宮城を押さえてしまう計画だったというのです。つまり門のすべてを押さえるために四百人も動員したのです。

そして占拠の後は、仲間と思われる人間にはあらかじめ三銭切手を手に貼ってくるように伝えておいたというのです。三銭切手が同志の合印です。そうすれば宮城の中に入れるというところまで話は進んでいたのです。

警視庁の屋上から「もうそろそろか」とじっと宮城を見ていたのですが、しーんとしたまま合図も何もない。昼が来たからしょうがなく皆で飯を食い、宮城内はどうしたんだと言っているうちに、ちょっとお前見て来いよというわけで、常盤少尉などは坂下門まで見に行ったそうです。すると守備の近衛連隊の兵隊がのんびりした顔でいるからおかしいと思っているところへ馬車が来たのでそれを止め、「まかりならん！」と言って中を見ると女官だったそうで、仕方なく「入れ」と言った、というような話をしてくれました。要するに、宮城内はいつも通り、門を開けっ放しにした穏やかな雰囲気だったと。それで「これはだめだ」と警視庁に戻って野中大尉に「どうも中は失敗したようであります」と報告したそうです。

◆「わが事成れり」

いずれにしろ、二・二六事件の基本には宮城占拠計画があり、それが一番大事な仕事だったのです。が、大高少尉と中橋中尉が拳銃を抜き合って互いに睨み合ったところでお終いになり、いつの間にか中橋中尉その人は宮城から出て行ってしまって反乱軍の将校たちと合流し、中隊長がいなくなった中橋中隊の約百名は、はじめから宮城を守っていた部隊に組み入れられて「坂下門を守れ」などといわれる始末で、今泉義道少尉などは「自分たちが反乱軍に回ったのかよくわからないうちに事件が推移していった」というように語っていました。

つまり最大の狙いである宮城占拠はならず、しかも、理解者と思い込んでいた天皇陛下は自分たちに対してまるで同情的でもなかったことが間もなくわかりはじめるのです。

もし宮城占拠に成功していれば、事態は大きく変わったと思うのです。それこそ期待の皇道派の真崎甚三郎、荒木貞夫大将らが三銭切手を手に貼って宮城にやって来る、天皇のもっとも側にいる本庄繁侍従武官長も味方だし、さらに軍事調査部長の山下奉文少将もやって来るでしょう。陸軍次官古荘幹郎、陸大校長小畑敏四郎、軍事課長村上啓作、もちろん山口一太郎大尉も入城してくることでしょう。形勢観望していた連中も馳せ参じてきます。そしてクーデタの成功で、真崎を総理大臣とする軍事政権が成り、日本改造計画がうまくいくはずだった、しかし事態はそうは進まず、わけがわからなくなってしまったのです。

警視庁を占拠している四百人はぼーっと一日を過ごし、そのうち将校は首相官邸に集まるよう命令があって集合したりするわけですが、昼頃までに事件は「失敗」と確定し、あとはどうすれば収拾できるかという状況になっていました。

陸軍省には主な人間が次々に集められ、今後どうすべきか、この決起部隊を穏やかに引き取らせる方法はないものかと論議します。また岡田首相は死んだと思われていますから、内閣はどうなるのかも方々で論議されるというごちゃごちゃの状況のうちに、陸軍は、苦肉の策と言ってもいいでしょうが、真崎甚三郎大将と荒木貞夫大将が中心になって――二人とも黒幕と思われていますから、冷たい視線を浴びながら――意見をガンガン述べ、その中から「陸軍大臣告示」がつくられたようなのです。実はそんなものは正式にはつくられなかったという説もありますが。

「決起の趣旨については天聴に達せられあり。諸子の行動は国体顕現の至情に基づくものと認む」

ともかく、こうした趣旨のものが決起部隊に伝えられたのは午後三時頃でした。陸軍中央の混乱が察せられますが、部隊は陸軍大臣の告示をもらって大喜びです。決起の趣旨が天皇陛下の御耳に入った、その意図を陛下はちゃんと理解され、この行動が日本の国体を守りしっかりしたものにするための熱烈なる想いに基づくものと認める、というわけですから「わが事成れり」、自分たちの行動は是認されたと喜んだのです。同時に「第一師団命令」が出ます。決起部隊は皆、第一師団の傘下ですから、第一師団長が「お前たちは現状においてあまり余計な行動をするな。いずれこちらから指示するから」と、とにかく穏やかに治めようとしたわけです。

ところがいずれも作文でしかないのですね、大元帥陛下がそんなことを許可するわけはないにもかかわらず、決起部隊は小躍りし、何だかわからないうちにその日は暮れていくのです。部隊は早くも「官軍」として首相官邸はじめ赤坂や永田町一帯を占拠し悠々としていて、ががたしているのは陸軍中央ばかりです。そこで陸軍のお偉方が陸軍大臣官邸に集まり、また香田、村中、磯部、対馬、栗原など青年将校の幹部もやって来て会談します。

何のことはない、早く矛を納めて帰れよ、といいたいばかりの会談なのです。荒木大将などは「お上（天皇）はどれだけ御軫念になっているか、考えてもみよ」というようなことしか言わない。将校たちにすれば「何を言うか、俺たちは官軍であって、宮城一帯を守っているのだ」といわんばかり。しかし実際、天皇はこの日だけでも十二回、本庄侍従武官長を呼びつけて「早く鎮圧せよ」と督促しているんです。そんなことは伝えられるわけもなく、将校たちは「天皇陛下はわれわれの気持ちをわかってくださっている、革命は成功した、新しい時代が来るに違いない」と信じていたお粗末さでした。

これが事件の第一日目です。

ですが話はもうこれで終わっているんです。あとは、いかにして決起部隊にお戻り願うか、だけなのです。

◆「今からでも遅くない」

二十七日が明けます。天皇は侍従武官長本庄大将に向かって何遍も同じことを言います。本庄武官長が丁寧に日記に書いているのですが、

「朕が股肱の老臣を殺戮す。かくのごとき凶暴の将校らは、その精神においても何の恕すべきものありや」

「朕がもっとも信頼せる老臣をことごとく斃すは、真綿にて朕が首を締むるにひとしき行為なり」

さらに、陸軍中央が決起部隊の鎮圧にいつまでもてこずっていることに怒りだし、

「朕自ら近衛師団を率い、これが鎮圧に当たらん」

大元帥陛下は厳然として言い、侍従武官長は恐れ入るばかりでしたが、ではどうするかというと何の手も打たない、だらだらとやっているだけで話はちっとも進みません。実はその晩辺りから、最初は決起部隊にいくらか同情的だった参謀本部作戦部長の石原莞爾たちも天皇の鎮圧の意志が固いことを知って動きはじめるなど、統制派中堅クラスが鎮圧に向けて、動きを起こしていました。

そして結果的には、二十八日午前五時、正式に決起部隊、今や赤坂台上を占拠している占拠部隊に大元帥命令が出るのです。

「戒厳司令官は三宅坂付近を占拠しある将校以下をもって速やかに現姿勢を撤し各所属部
隊の隷下に復せしむべし」

要するに「決起部隊の占拠を認めない、直ちに原隊へ帰れ」という命令で、この瞬間から、依然として占拠を続けるならば、大元帥命令に反抗した「逆賊」となります。それまでは決起部隊ないしは占拠部隊だったものが逆賊、反乱軍になるのですから、ここで勝負あったということです。

午前六時半ころ、山口一太郎大尉は決起部隊の将校を訪れ、頭を深々と下げて「近く、原隊に撤退せよという奉勅命令が下る（実際はもう下っているのですが）。力の限りを尽くしたが、微力は及ばず、万策は尽きた」と告げました。事情をつゆ知らない将校たちは「悪い冗談だ」と笑い、「そんなことあるはずない、俺たちの行動は陸軍大臣告示によって認められているじゃありませんか、反乱軍でもなんでもないんだ」と、奉勅命令を信じなかったという話があるくらい、決起部隊の連中は何にもわかっていなかったのです。

この大元帥命令が出た後、陸軍中央はあらゆる手段で命令を徹底しようとします。朝日新聞社で飛行機を借り、空からビラを撒き、アドバルーンを上げ、ラジオで放送します。二・二六事件を語る時に必ず出てくる「下士官兵に告ぐ」のビラが撒かれたわけです。

一、今からでも遅くないから原隊へ帰れ
二、抵抗する者は全部逆賊であるから射殺する
三、お前たちの父母兄弟は国賊となるので皆泣いておるぞ

なんともすごい文章で、このビラを積んだ飛行機が上空を飛び、赤坂見附一帯に撒いたのです。反乱軍の中には落語家の故・柳家小さん師匠がおりまして、ちょうど今の国立劇場から下って警視庁に向かう坂のところで「さあ俺たちはここを守り抜くぞ」と機関銃を据えて攻撃に備えて身構えていた、「いや、本当はやる気ありませんでしたけれどね」なんて話していましたが。それくらい皆は一所懸命だったのは確かなのです。

同時に、ラジオでもこれまた有名な「兵に告ぐ」という放送が流れます。

「勅命が発せられたのである。すでに天皇陛下の御命令が発せられたのである。お前たちは上

官の命令を正しいものと信じて絶対服従をして誠心誠意活動してきたのであろうが、すでに天皇陛下の御命令によってお前たちはみな原隊に復帰せよと仰せられたのである……」

これでわかりますように、反乱軍の将校ではなく下士官兵隊たちに、「お前たちは上官にだまされているのだから、直ちに帰れ」と呼び掛けているのです。

ここまでくると、将校たちも「部下をすべて原隊に復帰させて、自分たちはここで腹を斬ろう」と意見がまとまりかけました。そこで何とか天皇陛下にその旨を申し上げて御使いを頂き、死ぬにあたって軍人としての最後の光栄を与えてもらえないだろうかということになります。川島義之陸相や山下奉文少将ら皇道派の陸軍中央の人たちが相談し、これを本庄侍従武官長に伝えました。本庄さんは気が進まないながら奏上したところ、天皇はかつてない怒りを顔に表わして言ったといいます。

「自殺するならば勝手にさせるがいい。かくのごとき者どもに勅使などもってのほかのことである」

ここで治まればまだよかったのですが、反乱軍将校はなお「こうなったらやるか」「玉砕あるのみ」というので二十八日の晩は騒然たる空気に包まれます。ならば陸軍中央も「攻撃するしかない、皇軍相撃もやむを得ない」と反乱軍鎮圧部隊を編成、甲府連隊、佐倉連隊などがどんどん東京に送られ、赤坂見附を囲んで攻撃準備を整えます。このままいくと、東京の真ん中で日本軍が敵味方に分かれ、十万発を撃ち合うことになり、大惨劇になったと思いますが、まあそこまでいくとアホらしいというか、兵隊を殺す必要はまったくないのですから、鎮圧部隊の戦車が音を立てて攻撃準備をする状況にまでなったものの、二月二十九日朝が明けると同時に「これまで」と、反乱軍は戦闘行為をやめて次々に原隊に戻り、事件は終わりました。

◆広田内閣が残したもの

何がこの事件の後に残ったのか。簡単です。松本清張さんに『二・二六事件』*3という大著がありますが、その結論で述べている言葉が一番適しているかと思います。

「(これ以後の日本は)軍部が絶えず〝二・二六〟の再発(テロのこと)をちらちらさせて政・財・言論界を脅迫した。かくて軍需産業を中心とする重工業財閥を(軍が)抱きかかえ、国民をひきずり戦争体制へ大股に歩き出すのである。(日本の国がここでがらっと変わるのですが)この変化は、太平洋戦争が現実に突如として勃発するまで、国民の眼にはわからない上層部において、静かに、確実に進行していった」

清張さんが言うとおりで、これ以後の日本はテロの脅しがテコになって、ほとんどの体制が軍の思うままに動いていくことになるのです。またここで皇道派が完璧につぶれます。後の昭和史に出てくるのは山下奉文中将、牟田口廉也中将、根本博中将くらい、またわずかに小畑敏四郎ら中心人物が、親しくもあり、どちらかといえば皇道派寄りの近衛文麿内閣で顔を出すものの、残りの皇道派軍人はほとんど退役し、陸軍は統制派が制圧して思うように動かしはじめるのです。

事件が治まった後、岡田内閣は総辞職し、広田弘毅内閣が発足します。ここで付け加えておかなくてはならないのが、広田内閣がやったことです。城山三郎が小説『落日燃ゆ』*4で非常に持ち上げたためたいへん立派な人と広田さんは思われているのですが、二・二六事件後の新しい体制を整えるという一番大事なところで広田内閣がやったことは全部、とんでもないことばかりです。スタートから、「政治が悪いから事件が起きた。政治を革新せよ」という軍部の要求を受け入れて、「従来の秕政を一新」という方針に同調して組閣しました。秕政とは悪い政治という意味です。これでは軍部独走の道を開くことと同じなんですね。

まず大正二年（一九一三）以来、二十数年ぶりに復活した「軍部大臣現役武官制」、現役の軍人でなければ陸軍大臣、海軍大臣になれない制度です。現役軍人とはいま軍にいる将官で、軍を退いた予備役、後備役の人は

陸軍の派閥メンバー表

[宇垣系]（宇垣一成大将をかつぐ陸軍主流）　●統制派に属する

河合操　鈴木荘六　白川義則　金谷範三
●南次郎　林弥三吉　●阿部信行　松井石根
二宮治重　小磯国昭　●杉山元　●建川美次
畑俊六　林桂

[皇道派]（二・二六事件でほぼ壊滅）▲のちに統制派にひるがえった人

荒木貞夫　真崎甚三郎　本庄繁　香椎浩平
堀丈夫　柳川平助　山岡重厚　▲松浦淳六郎
秦真次　▲磯谷廉介　小畑敏四郎　持永浅治
山下奉文　小藤恵　鈴木率道　鈴木貞一
村上啓作　牟田口廉也　根本博　満井佐吉

[統制派]　陸軍中堅層

永田鉄山　東条英機　武藤章　影佐禎昭
池田純久　田中清　片倉衷　今井清
真田穣一郎　永井八津次　服部卓四郎
西浦進　辻政信

大臣になれない。つまり荒木や真崎の復活をあり得ないものとする統制派陸軍の強い要求をのんだものです。結果として、ほかから選ぶことはできないから、陸軍や海軍が「ノー」といえば大臣ができない、陸海軍大臣のない内閣はあり得ないわけですから、内閣が組織できない。つまり以後、陸軍ないし海軍の意に染まない内閣ならば大臣は出さない、もしくは辞職するということで、内閣はたちまち倒壊します。従って、内閣をつぶすのもつくらないのも、軍の思うままということです。政治に介入するための「伝家の宝刀」を軍がにぎったことになる。これは非常に重大で、のちのち大きく影響してきます。

二番目に、日本とドイツが「防共協定」を結んだことです。当時のドイツとは、急速に力をつけてきていたヒトラー政権です。ドイツも国際連盟を脱退して孤立化していて、孤立したもの同士が手を結ぶのはある種の自然な道といえるかもしれませんが、何もこの時点でドイツと協定を結ぶ必要はまったくなかったのです。ところがドイツ派の広田さんは実にあっさりと手を結び、これが後に日本を「日独伊三国同盟」へと結びつけてゆくことになる。元老西園寺公望は「何をやっているのか。ドイツに利用されるばかりで何にも得るところはないじゃないか」と嘆いたのですが、満洲の曠野へのソビエト南進を恐れている統制派は、ソビエトが出てくる前にとにかく中国と思っていますから、その進出を抑えるためにはまずソ連を仇敵としているドイツと協定を結んでソ連を牽制しておこうじゃないか、ということでしょう。

そして三番目に、陸軍の統制派、エリートの幕僚グループが、海軍の軍令部と相談し、これからの国策の基準を決めたことです。これが後の日本の進路を決める運命的なものとなります。それは、アジア大陸における日本の力を確保すると同時に南方に進出する、つまりソビエトに対して北方を守りながら南へ進む「北守南進」の政策でした。何でこんな時に、と思うのですが、以後、日本の目は南へ南へと注がれるようになっていく。それは何を意味するかと言えば、アメリカ、イギリスとぶつかるということでした。

広田内閣はこういう大変なことを三つやったうえに、さらに細かいところでは「不穏文書取締法」をつくり、ありとあらゆる言論がたちまち弾圧されるようになります。まあ、扇動的なでたらめなビラや人の足を引っ張る文書がたくさん出たことで、皆が踊らされ二・二六事件にまでつながったという反省もありますからわからないでもないのですが、この法律ができた結果、非常に困ったことに、少しでも反政府的あるいは反軍部的なものは即、取り締まられる状況になりました。

以上のように、この辺から日本は、先ほどの松本清張さんじゃありませんが、国民が知らないところで軍部と財閥や政治家が結託し、戦争体制をぐんぐんつくりつつ南進政策に邁進してゆくのです。

ついでに言いますと、二・二六事件の判決は、七月五日に出て七日に新聞発表され、たちまち十二日には第一回の死刑が執行されました。香田清貞、安藤輝三、栗原安秀以下十七人が、代々木の今ＮＨＫがある広場で死刑となります。当時二十九歳の栗原中尉の最期の言葉は、

「天皇陛下万歳。霊魂永久に存す。栗原死すとも維新は死せず」

陸軍の処断はまことに素早く思い切ったものでした。号外が死刑を報じ、国民の知るところとなります。歌人の斎藤茂吉（一八八二―一九五三）は詠みました。

号外は「死刑」報ぜりしかれども行くもろつびとただにひそけし

号外を見ながら一般の人びとは誰もが沈黙していたのでしょう。

一人一人銃をそろへし目先に立ちしづかりきしかく思はむ

青年将校一人一人が銃を目の前にしながら静かに死んでいったのだろうというふうに思うのだが、というのは北原白秋（一八八五―一九四二）の歌です。また次のようにも詠んでいます。

銃殺の刑了りたりほとほとに言絶えにつつ夕飯を我は

銃殺が終わり、夕方が来て、ただ言うこともなく自分は夕飯を食ったよ、と。

後の東大総長、南原繁法学部教授（一八八九―一九七四）もうたっています。

十七名の死刑報ぜる今朝の記事は食堂にゐてもいふものもなし

東大の食堂で誰もそんなことを話し合った者はいない、恐ろしい時代が来たのだろうと皆がひとしく思っていたのでしょう。

もう一つついでに言いますと、とにかく世の中がなんとなく上から重々しく圧迫されたような、憂鬱な時代が到来していたこの年の五月十八日、かの有名なる「阿部定事件」*5が起きます。

日本じゅうが灰色の世界を見てうんざりしている時に、布団の中でちょんぎられちゃったという事件はものすごく大きな話題になりまして、皆が話すのはもっぱらそっちの方でした。ちょうどこの時に、チャップリンとフランスの詩人ジャン・コクトーが来日しましたが、ともにあまり騒がれないほど国民は阿部定事件の話題で沸いていました。

そういう時代でした。先の方に暗黒というか、民衆は不吉なものを見ていたのではないでしょうか。私の記憶で言えば、雪が降って寒いので日向ぼっこしながら、「お前も下手をやると殺されるぞ」「俺ァそんなに偉えかねえ」なんて仲間と冗談を言い合うくらい、偉い人がたくさん殺されたという印象がありありと残っています。

＊1——偕行社　日本陸軍の将校クラブ。明治十年（一八七七）創立。昭和二十七年（一九五二）、旧軍人の間で親睦会的組織として再発足し、機関紙「偕行」を発行している。
＊2——統制経済　戦時にさいして国家がとる産業・経済への直接的統制のこと。
＊3——松本清張『二・二六事件』全三巻。一九八六年、文藝春秋。
＊4——城山三郎『落日燃ゆ』一九七四年、新潮社。
＊5——阿部定事件　娼妓上がりで当時三十歳の阿部定が働いていた料亭の経営者と東京市内を転々としたあげく男を絞殺、その性器を切り取って身につけ逃げた事件。

第六章

日中戦争・旗行列提灯行列の波は続いたが……

盧溝橋事件、南京事件

この章のポイント

一九三七（昭和十二）年、盧溝橋付近で起こった謎の銃撃事件により、日本軍と中国軍が戦闘状態になります。第一次近衛文麿内閣は不拡大方針を覆し、直ちに臨戦態勢を布きました。上海から戦闘がはじまり、中国軍が南京に後退すると、進撃した日本軍は南京事件を起こします。南京は陥落しましたが、首都が落ちても戦争は一向に終わらず、ついに戦争は泥沼化していきました。日本の民衆の中にも、政府に対する不満が徐々に拡がりはじめていきます。

キーワード

盧溝橋事件／毛沢東／周恩来／抗日民族統一戦線／西安事件／近衛文麿／日中戦争／南京事件／千人針

◆重大視されなかった西安事件

今日は昭和十二年（一九三七）の盧溝橋事件を中心に話します。といっても、まず昭和十一年に少し戻ります。実は海軍のほうでも昭和十一年は、その年の十二月三十一日をもって軍縮条約をすべて廃棄し、いわゆる「naval holiday」（海軍の休日）、アメリカもイギリスも軍艦を造らないという非常に穏やかな時代が終わり、建艦競争＝軍艦を造る競争がはじまる、つまり敵対意識が大きくなりはじめ、対英米戦争への道が踏み出された大事な年でもあるのです。ただ、今日はそれをはずして、次回にまとめて海軍について話すことにします。

その昭和十一年に大事なことが中国で起こりました。何度も話したように、中国は蔣介石の国民政府軍と延安にいた毛沢東の中国共産党軍いわゆる紅軍とが鍔迫り合いの権力闘争をずっとやっていたのですが、昭和十一年の終わり頃、毛沢東、周恩来その他の人たちが「内戦を続けていたのでは、日本帝国主義に乗ぜられるばかりである。むしろ抗日民族統一戦線を結成し、一緒になって日本にあたるべきだ」と方針を改めます。そこで共産軍が、国民政府軍の一頭領である張学良に話を持ち掛けました。張学良は、前にも出てきましたが、張作霖の息子で満洲の大軍閥だったのですが、日本に追われて中国本土に逃げてきて蔣介石の国民政府軍に加わり、部隊を指揮して日本軍に対抗すべく着々と準備をしていました。その折りに共産党からそういう話が持ち掛けられ、「中国のためには非常にいいことだから」と賛成し、裏切り行為に出る。どういう行為かというと、中国共産党との戦いを控えはじめたのです。そこで怒った国民党委員長の蔣介石が十二月、張学良が軍を布いていた西安へ大いに督促せねばならないと飛んできました。その蔣介石を、逆に張学良軍が襲撃し、山上に追い込んで軟禁してしまったのです。これを「西安事件」といいます。

西安というのは、唐の時代（六一八～九〇七）の世界的大都市だった長安で、始皇帝の墓や兵馬俑、三蔵法師が仏教の経典を持って来て納めたという大雁塔などがあります。その街はずれの温泉「華清池」で玄宗皇帝と楊貴妃が喋喋喃喃やっていたという話もあり、今は大歓楽地になっています。私も旅行で行きまして、楊貴妃が入ったというお風呂に入り、昼寝をした覚えがあります。その華清池の裏山に、蔣介石が軟禁された穴倉が残っていて、私などは玄宗皇帝と楊貴妃のほうに関心があったのですが、案内の中国の人たちはもっぱらこの西安事件について、蔣介石がここで寝ていてここから襲われて逃げたなんて詳しく説明してくれ、山上の穴倉まで案内してくれ、見取り図までくれました。

張学良が蔣介石を軟禁したと中国共産党に伝わると「ただちに銃殺の刑に処すべし」という意見も強かったのですが、周恩来が「国民党を代表するカリスマ的な存在を殺すようなことになると抗日民族統一戦線が結成できなくなる」といって、まあこの辺のところは微妙なのですが、ともかく命を助けるかわりに蔣介石に共産党への攻撃をやめさせ、一緒になって日本に対抗するべく手を組むという約束をさせるのです。

十二月二十六日、助けられた蔣介石が無事に南京に戻りますと、中国民衆は大歓声でこれを迎えました。清国が倒れて以来、互いに抗争して絶えず分裂に分裂を重ね、内戦に明け暮れていましたから、この瞬間にいわば新しい中国が誕生したと言えるんですね。西安事件とは、中国のナショナリズムが一つになって誕生する、まさに対日抗戦を可能にする歴史の転換点だったのです。

しかし日本は、この情報が伝わってきたにも関わらず、中国が今や一つになろうとしていることをまったく理解していませんでした。調べれば調べるほどそうなのです。アッケラカンとしていた。西安事件は、非常に驕慢な軍閥の頭領の張学良が、中国名物ともいえる「下剋上」、権力闘争を引き起こしたのだという程度の観察で、対岸の火事視していたのです。このへんに日本の軍部、外交も含めた「中国蔑視」、中国を馬鹿にするという基本の姿勢があって、そこに、統制派が天下をとった陸軍の「対中国一撃論」がくっつくわけです。

以上がだいたい昭和十一年の終わり頃の中国の状況でした。

◆七月七日午後十時過ぎ

そして問題の昭和十二年となりました。

作家の野上弥生子さん（一八八五—一九八五）が、年頭の新聞でこう書いています。

「……たったひとつお願いごとをしたい。今年は豊年でございましょうか、凶作でございいましょうか。いいえ、どちらでもよろしゅうございます。洪水があっても、大地震があっても、暴風雨があっても、……コレラとペストがいっしょにはやっても、よろしゅうございます。どうか戦争だけはございませんように……」

ということは、戦争待望論というか、昭和十二年になった段階で、日本には「中国を一撃すべし」の空気がかなり瀰漫していたんじゃないかと思うのです。

さらにその前年の昭和十一年二月十四日の永井荷風の日記をみますと、

「日本現代の禍根は政党の腐敗と軍人の過激思想と国民の自覚なき事の三事なり。政党の腐敗も軍人の暴行も、これを要するに一般国民の自覚に乏しきに起因するなり。個人の覚醒せざるがために起ることとなり。然り而して個人の覚醒は将来に於てもこれは到底望むべからざる事なるべし」

荷風さん一流の観察で、政党がまったくダメであること、軍人どもの「中国一撃論」といった過激な思想、国民が上の言う通りにただ流されていること、それらは根本的には国民の自覚のなさに原因があるというふうに考えているわけです。どうもこの時代の空気をみると、なんとなしに日本国民はいい調子になっていたようですね。

「文藝春秋」が同じ頃、昭和十一年の暮れに、荷風さんの真似をしたわけでもないでしょうが、現在の問題、現在を象徴する言葉を三つ挙げてくださいというアンケートをとりました。そして年頭の号で発表した。作家の小島政二郎（一八九四―一九九四）は「軍部。重税。がさつ」を挙げています。「がさつ」というのは荷風さんのいう「過激思想」を指すのだと思います。画家の中川紀元さん（一八九二―一九七二）は「一ぐん二ぐん三もぐん、ぐんぐんぐんぶで押し通す」と、軍部がいかに驕慢になっているかを言っています。作家の藤森成吉（一八九二―一九七七）は「反動。反対。発展。ほんとにそうなら……という気持ちもこめて」、最後は国家発展に対しての疑いです。評論家の青野季吉（一八九〇―一九六一）は「不安。諦念。忍苦」、自分の気持ちを言ったのでしょう。詩人の野口雨情（一八八二―一九四五）は「非常時。明朗。庶政一新」、女性運動家の神近市子さん（一八八八―一九八一）は「不安。暗黒。狂噪」、狂噪というのは「がさつ」と似たようなことだと思います。こう見ればわかるように、なんとなく戦争を予感させる世の状況であったといえるようです。中川紀元じゃありませんが、「一軍、二軍、三も軍、ぐんぐん軍部で押し通す」時代だった。

少し脱線しますが、それまでわが日本国は「日本帝国」「日本国」「大日本帝国」など、天皇陛下のことも国際的には「皇帝」「天皇」などいろいろ呼び方があって統一されてなかったのですが、昭和十一年四月十八日、外務省が日本を「大日本帝国」と呼称することに決定しました。この言葉そのものはどうってことないのですが、そう決定することで国民は「大日本帝国」つまり「日本は大なる国である」と思い込むようになっていく。日本は昭和八年に国際連盟を脱退して国際的に孤立しているのですが、この時になって「大日本帝国」と称したことは、なんとなく閉塞的な現状を打破したい、そんな国状を物語っているように思います。

という大前提と状況のもと、昭和十二年七月七日にいわゆる盧溝橋事件が起きたのです。北京郊外の盧溝橋で銃撃があって、日中両軍——当時は中国を支那といっていました——日支両軍が銃火を交えたという第一報が届いた時に、時の総理大臣近衛文麿は「まさか、また陸軍の計画的行動ではなかろうな」と、また海軍次官山本五十六中将は「陸軍のやつらは何をしでかすかわかったものではない。油断がならんよ」と言ったといいます。つまり上の方の人たちが、事件の第一報を聞いた時点で、陸軍の陰謀だ、また満洲事変と同じようなことをやったな、と思ったのは事実のようです。

実は現在も、盧溝橋事件そのものは真相がわからないままなんです。日本側は間違いなく中国軍が撃ったのだといい、中国側つまり今の共産党は間違いなく日本軍が撃ったのだという、また当時の蔣介石軍は後に共産党が一枚嚙んでいたのだとも主張して、真相はわからないのです。まったくの偶発的で、むしろ意図しなかった形で戦争が起きてしまった。というわけで、明らかになっているところだけ話しますが、ふつう「運命の一発」と言われますが、決して一発ではないのです。

当時、天津というところに日本の駐屯軍がいました。これは一九〇一年、義和団事件（北清事変）で清国が列強に助けを借り、日本、イギリス、アメリカ、その他の国が義和団に対抗するため、という名目で北京に籠城した結果、各国は中国にいる自国の民衆を保護するための軍を駐屯させることを条約で決め、日本は天津に、たいした数ではなかったのですが、駐屯軍を置くことになりました。その後、清国がつぶれても、中国に統一国家ができていませんから、そのまま軍隊が居座っていたのです。ふつう駐屯軍は一連隊（二千人）程度なのですが、どさくさ紛れに日本はどんどん増やし、事件当時、今や「駐屯軍」ではなく「天津軍」といえるくらいで、一旅団――一師団の半分ですからだいたい六、七千人近くいたようです。出たり入ったりがありますから正確な数は微妙なのですが。

昭和十二年七月七日午後十時過ぎ、盧溝橋付近でその日本の天津駐屯の第一旅団第一連隊第三大隊が演習をしていました。第三大隊を指揮するのは一木清直少佐――後に太平洋戦争で一番最初にガダルカナルに上陸して全滅した部隊の部隊長です。昭和史ではいろんな場面で同じ人が顔を出します――で、その第三大隊に西の方、つまり北京の方角といいますか、同じように夜間演習をしている中国軍側から数発の実弾が撃ち込まれてきたのです。続けてさらにまた十数発が撃ち込まれました。「運命の一発」どころか、かなりの数なんですね。

この時、第三大隊第八中隊百三十五名のうち一人の兵士の行方がわからなくなったのです。弾に当たって戦死したんじゃないかという疑いが出てきました。演習は空砲ですから、そこに実弾が撃ち込まれて一人戦死となると一大事です。中隊長の清水節郎大尉は問題視し、不明の一人を捜そうとします。ところが、この兵隊さんは実は立小便をしに脇へ行っていただけで、十五分か二十分後には隊に復帰しているのです。ですから何でもない話なのですが、その報告がないままに「一名行方不明」というので、夜十一時過ぎの真っ暗な中、当の兵隊さんも一緒

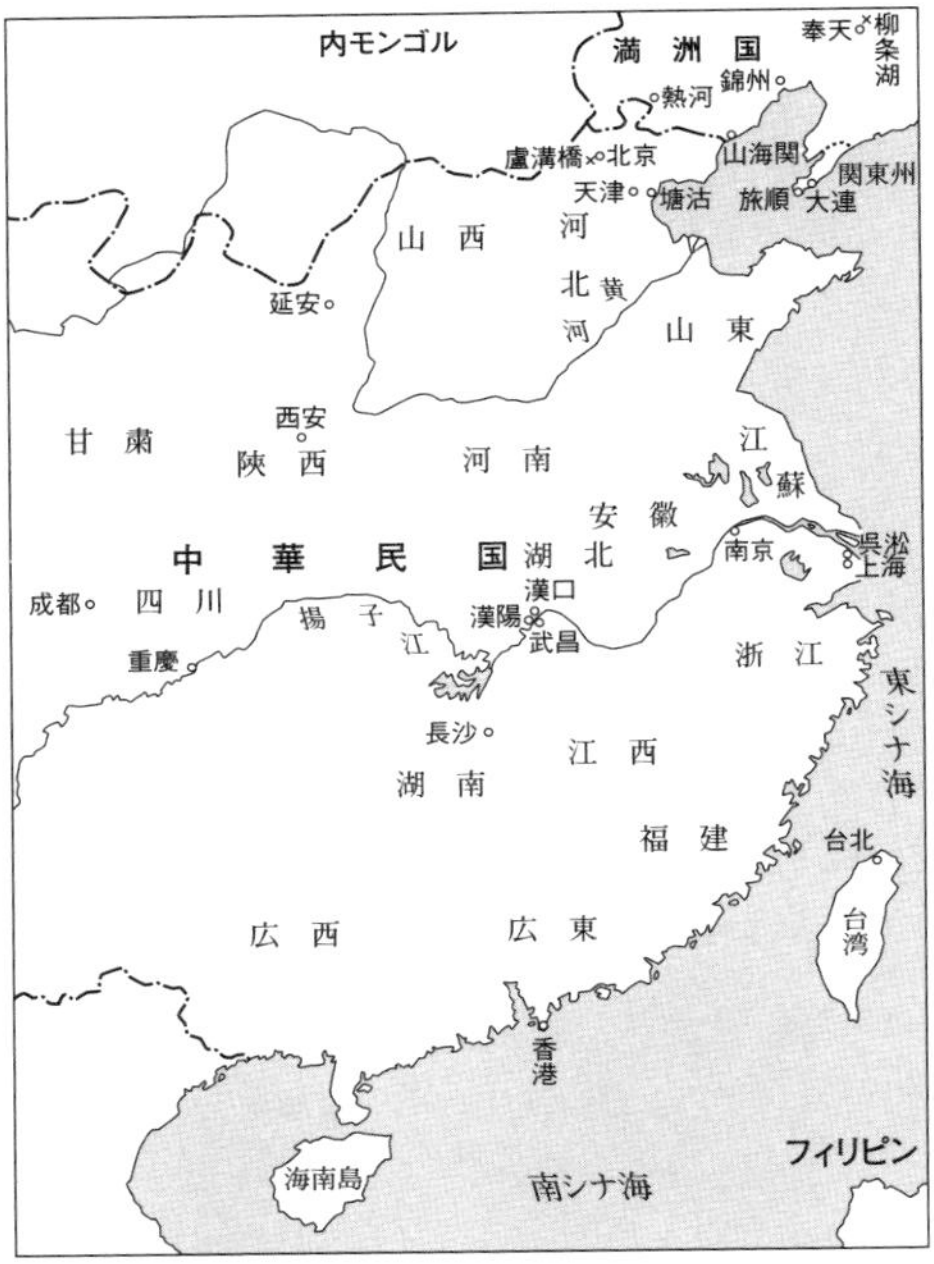

日中戦争関連図

になって不明の一人を探すという馬鹿げたことをやっていたんですね。

実弾が撃ち込まれたことについては、清水中隊長からただちに一木大隊長に報告はあったのですが、とにかく兵隊を捜せというのでごたごたしていますから、一木大隊長から連隊司令部への報告がかなり遅れたのです。そこへ午前三時半頃、西の方からまたまた銃弾が撃ち込まれました。さすがの一木大隊長も部下に捜索の中止を命じ、「中国側からの敵対行動は確実なり」と第一連隊司令部へ報告しました。二度、実弾を撃ち込まれていますからそう思わざるを得ない。この銃撃が行方不明の兵隊が無事とわかってからの報告なのか、捜している最中だったのかは定かではないのですが。第一報を受けた連隊長牟田口廉也大佐――この人がまた、太平洋戦争においていたるところに出てきます。シンガポール攻略戦で勇名を馳せ、インパール作戦（第十三章参照）で強引な作戦を行なったりの問題人物です――が、直ちに命令します。

「敵に撃たれたら撃て。断乎戦闘するも差し支えなし」

まさしく抗戦命令です。こういう命令は、ほんとうはその上の旅団長にきちんと知らせるかたちをとって、統帥命令といいますか、天皇命令にしないまでも、参謀本部命令にしないといけないのですが、牟田口さんは独断命令を一木大隊長に下したのです。これが午前四時二十分頃でした。

困ったことは、これで直ちに戦争が起こってしまったと一般的に書かれやすいことです。つまり「運命の一発」で日中戦争がはじまってしまったと。しかし必ずしもそんな無謀なことにはならないのですね。

◆連隊長の独断専行の命令

ちょうどその時、視察のために現地を離れていた旅団長の河辺正三少将が天津に戻ってきます。七月八日午後になって牟田口連隊長が意気揚々としてやって来て、こういう次第で断乎抗戦を命じましたと報告すると、河辺旅団長は怒ることもなく同調したというのです。これはどうも間違いないらしい。戦後、私が牟田口さんに会って話を聞いた時に彼も明言していましたし、残された記録からもどうやらそうらしい。牟田口さんはこう言いました。

「盧溝橋事件の際、私の連隊が独断で敵を攻撃したが、当時の河辺旅団長は私の独断を許され、旅団命令で攻撃したようにとりつくろっていただいた。私は当時、旅団長の処置に非常に感激した」

しかし、河辺旅団長は戦後、そんなことを許した覚えはないとやり合っているのですが。いずれにしろ牟田口さんが強引に命令を出したのは事実のようです。しかし先に言いましたようにすぐ戦争が起きたわけではなく、なんとか戦争にならないようにという動きは当然、双方から出るのです。特務機関――北京にいて部隊とは異なり外交折衝的な動きをする人たちが間に入り、中国側もここで大戦争が起こっては大変だというので交渉に応じます。そして演習をやっていた中国軍は少し後ろへ下がる、日本軍も後ろへ下がる、ということで衝突回避の動きがはじまり、微妙なところはありましたが一応これが成功し、九日午前二時、日中両軍の間で停戦協定が成立します。

ですから一時、両軍の間に緊張は走ったものの、一応これでお終いになるはずでした。ところがなぜ、盧溝橋事件が起こってしまったのか。ここが不思議なんです。

最初の弾丸数発、その後の十数発については、現在の調査の範囲では、意図的か誤射かはわからないが中国軍側が撃ち込んだのは間違いないようです。国民政府軍が近くで演習中で、日本軍のいる方に撃ち込むつもりはなく、別の目標に対するはずのものが飛んできたと。いずれにせよ損害もないのだし、部隊の方向にシュッシュッと飛んできたような話ですから、停戦協定が成立すれば終わるはずなんです。

ところが問題は牟田口連隊長でした。独断命令を出すくらいの人ですから、停戦協定を知らされ承知しながらも「中国側が協定を守るはずはない。危険性はかなり高い。その時に遅れをとってはいけない」と部隊に前進を命じたのです。

すなわち十日朝、一木少佐の第三大隊に木原義雄少佐が指揮する第一大隊を加え、中国軍主力が配置されていると思われる宛平県城に向かって、一度後退したはずの軍がふたたび前進をはじめました。

そして午後四時頃、今度は明らかにその日本軍に向けて、数発の小銃弾がぶち込まれてきました。指揮所で報告を受けた牟田口連隊長は「やっぱり敵は、協定を守るつもりはない」と強引に第一大隊・第三大隊に攻撃命令を出しました。少しの躊躇もありません。そこへ河辺旅団長がやって来て、「また独断命令か！」と言ったかはわかりませんが、ものすごい形相で睨みつけました。牟田口も強気の人なのでぐっと睨み返します。ここでまた歴史に「もし」はないとはいえ、その時「なんということをするか、直ちに命令を取り消せ、ばかもん！」とやっていたら、従わざるを得なかったのですが、なぜか河辺旅団長はひとこともしゃべらなかったというのです。ただ睨み合ったままでした。

当時の連隊の副官、河野又四郎さんが戦後、この時の異様な状況を手記に書いています。

「旅団長は顔面蒼白、今にも一喝するかと思わるる相貌となった。両者相対する距離わずかに三メートル。恐ろしき剣幕に私は圧倒され、〈これは困ったことになった。両者の考え方は相反す。一つは向戦的、他は避戦的、これでは今後が……〉と苦渋に満つる思いであった。／両者睨み合うことわずか二、三分ではあったが、私には長い長い時間があった。旅団長は遂に一言も発せず踵を返して旅団司令部に引き返された。日はなお高し」

牟田口連隊長の独断命令を河辺旅団長が無言のまま認可したのです。部隊は命令に従って攻撃を開始しました。この瞬間に日中戦争は既定の事実としてはじまり、日本軍は攻撃に次ぐ攻撃で、宛平県城を奪取し、中国軍を完全撃破します。

少し余談になりますが、なぜ牟田口さんがこう無茶というか独断的で野心的であったのか。この人は、酒にも女にも強い軍人らしい軍人と非常に有名でしたが、実は皇道派と目される人だったのです。自分では陸軍中央にいて当然のごとく出世街道を歩くはずが、二・二六事件後の人事刷新で、戦争の起きていない中国の天津軍などという安穏なところに送られたのは、彼にいわせれば「左遷」であり非常に不満だったのです。当時四十八歳、何か殊勲を上げて、飛ばされた無念を晴らしたいという思いがまだあったのではないでしょうか。こういう人が連隊長であったというのが不運といえば不運なんですね。

◆第三者の陰謀があった

盧溝橋事件は当然のことながら、東京裁判で取り上げられました。大体において検察側は、日本軍の無謀なる攻撃、策略的な仕掛けについて糾弾が厳しく、当時、北京駐在武官だったアメリカのバレット大佐も次のように証言しています。

「中国軍に対する日本軍の態度は傲慢で、攻撃的であり、多くの場合、その行動は中国の主権に対する侮辱と、直接の冒瀆であったと思う。私の考えでは、七月初週の、宛平県城付近で行なわれた日本軍の夜間演習は、挑発的なものであった」

日本側は、牟田口さんはじめ、当時まだ生き残っていた関係者がこれに対し、最初の一発は中国軍が過って撃ち込んだ可能性があるとしても、二度目のものは明らかに、このまま治まっては困る中国の抗日派学生か、あるいは共産分子の仕業だとして、

「これは、中国学生か、共産分子らしいとの風聞を耳にした。いずれにせよ、日中両軍の衝突を誘発せんとする第三者の陰謀があったように考えられる」

と抗弁しました。実際、現在でも多くの日本人は、共産党員と北京大学の学生が密かに組んで、中国共産党の指導のもと、日本と国民党両方に弾丸を撃ち込んで戦争をさせたと信じているようです。当時、北京にいた人によりますと、この夜、学生たちが爆竹を鳴らしたりデモをかけたりさまざまなことが行なわれたのは確かなようです。

一つ面白いことを付け加えておきますと、次のような話もあるのです。東京裁判で陸軍の裏切り者として糾弾された元陸軍少将の田中隆吉——上海事変で、愛人の川島芳子を使って中国人に金を渡し、日本人のお坊さんを殺させたとんでもない曲者です——が、戦後の手記『裁かれる歴史』で変なことを書いています。彼の同僚の茂川秀和少佐が盧溝橋事件翌日の七月八日、天津の芙蓉館の一室でこう語ったというのです。

「あの発砲をしたのは共産系の学生ですよ。ちょうどあの晩、盧溝橋を隔てて、日本軍の一個大隊と中国側の一団が各々夜間演習をしていたので、これを知った共産系の学生が双方に向かって発砲し、日華両軍の衝突を引き起こさせたのです」

これを聞いた田中中佐は、茂川少佐が常々、北京の共産系の学生と親交があることを思いつき、まさかとは思いながら、

「やらせた元凶は君なんだろう」

と聞くと、茂川少佐は顔を赤らめてこれを肯定した、というのです……となると、またしても日本陸軍の謀略ということになるんですが、とにかく田中隆吉という軍人は信用ならない人ですからね。それに当の茂川少佐が戦後になってインタビューに答えて、「あれは面倒くさいからそうだと言ったまで」と否定しています。

何が裏側で起きているのか、何がこの事態を引き起こさせたのか、まさに「運命の一発」といわれる所以ですが、さまざまな謀略や悪感情、互いの不信の念が絡みあっていて、何かがあればやろうという状態ではあったんですね。日本の内地でも先に話しましたように「どうか戦争が起きませんように」と作家が願うような空気であり、火をつければバアッと燃え上がる情勢だったということです。

いずれにしろ日中戦争がこうしてはじまりました。まずは上海を中心にして激しい戦闘が行なわれます。後に日比野士朗という作家が『呉淞クリーク』[*1]という作品でその時のことを書い

ています。中国軍の兵力は強力で、寡兵の日本軍は苦戦の限りを尽くします。日本本土の指導層では、応援をすべきだ、いや戦争を拡大してはならないと激論が闘わされました。

しかし、上海にも北京にも日本の居留民がたくさんいますから、当然、その人たちを保護することが日本政府の大命題になります。議論はありましたが、七月十日朝まだきについに本格的戦闘がはじまり、翌十一日、はや総理大臣近衛文麿は、朝鮮と満洲から二個師団、さらに内地から三個師団を送ることを決定します。ものすごい速さでの決断です。日本の「中国何するものぞ」的な考えというか、対中国一撃論に「お坊ちゃん総理」の近衛さんが乗っかってたちまち臨戦態勢を布いたわけです。

呉淞クリークの戦い

十一日の近衛声明です。

「今次事件はまったく支那側の計画的武力抗日なること、もはや疑いの余地なし」

そう簡単に「疑いの余地なし」といえる状況ではないのに、こう断言してしまいます。

当時「支那事変」と言いましたのは、宣戦布告をしていないから「事変」なんですね。戦争になるのはずいぶん後で、太平洋戦争がはじまった時に宣戦布告をして「日中戦争」になるのです。日本は中国の後ろ盾になっているアメリカ、イギリスから多くの物品を輸入していましたので、「戦争」となるとたちまち対米英貿易に大きな支障をきたしてしまうのです。ですからできるだけ「小競り合い」で済まそうというもくろみもあったわけです。

ただ近衛さんが最初から「一撃論」的態度ですから、事態は拡大の一途です。上海から戦闘がはじまり、大軍を送りこんでやっとこ撃破すると、中国軍は当時の首都・南京へ後退していき、日本軍は追撃に追撃を重ねます。また北部では中国共産軍と日本軍が戦う全面戦争になります。日本としては、首都を落とせば勝利であるという「古典的」な戦争論のもと、とにかく南京目指して進撃してゆきました。

そこでいわゆる「南京事件」が起こるのです。どうして起こったのか、非常に難しい問題ですが、日本軍はともかく急いでいました。根底には対中国一撃論があり、早く首都を落としてケリをつけよう、ガンガン叩けば中国などあっという間に両手を挙げるという勢いでした。

◆「南京虐殺」はあったが……

いよいよ日本軍は南京に迫りました。南京攻略の際、日本軍はいくつにも分かれて一直線に進んで行ったのですが、特に南の方から入った軍隊は余りに速すぎて、中国軍がまだ布陣していないところを追撃すると中国兵が隣で飯を食っていたというくらいです。「負けてなるものか」「南京城一番乗り」の精神で中国軍とごちゃまぜになりながら遮二無二突っ込んで、追撃につぐ追撃で、もうゲリラ――便衣隊といいました――だか民衆だかあるいは正規軍なのかわけのわからない状況だったようです。

それでも秩序を保って戦ったところもあるんです。南から入っていった軍は、いわゆる「南京大虐殺」に関して、後に参加者に聞きましても「虐殺などはまったくしていない」と言い、また実際そうなんですね。一方、東から揚子江沿いに行った部隊は荒武者が多かったのか、かなり激しく追撃を加えたようです。ここでも南京城に達するまでに入り乱れての戦闘があって、かなりの中国兵や中国人を殺し、南京に突入してさらに掃討戦をやっています。最近になって「南京虐殺などはなかった」と声高に主張している人もいるようですが……。

正直にいって、今となっては、南京アトローシティ（虐殺）による正確な被害統計を得ることは、理論的にも実際上も不可能に近く、あえていえば〝神のみが知る〟なのでしょう。そのなかで平成元年（一九八九）に旧日本陸軍の集まりである偕行社が『南京戦史』を出版し、そのなかで旧陸軍にとって不利になりかねない記録や手記も隠さず、中国側の公式記録『南京衛戍軍戦闘詳報』なども加え、ていねいに書きつらねて、次のような結論を出しました。まずはいちばん公平な記録と思いますので、それをご紹介いたします。

「通常の戦闘による中国軍将兵の戦死者（戦傷病死を含む）約三万人」

これは戦闘行為によるものゆえ問題にはなりません。

「中国軍将兵の生存者（渡江、釈放、収容、逃亡など）約三万人」

これは無事に南京城から逃げることができたわけですから、オミットできますね。そして、

「中国軍捕虜・便衣兵などへの撃滅、処断による死者約一万六千人。一般市民の死者約一万五千七百六十人」

ちなみにこの「撃滅、処断」とは、敗残兵に対する攻撃、市民にまぎれこんだ中国兵の掃討、さらには捕虜暴動の鎮圧などを指しています。これと市民の死者の数を合わせたものが、問題の数になるわけです。けれども、『南京戦史』は、この人数のどれだけが戦闘行動による死か虐殺にあたるのか、というところまでは記していません。が、これらすべてがいわゆる不法な行為によって殺されたとすれば、三万人強がその数ということになりましょうか。どうもだんだん自己嫌悪に陥りますので、これまでとしますが、とにかく軍にはちゃんと法務官がいるのに、裁判もせずに捕虜を大量に処刑したのはいけないことなのです。南京で日本軍による大量の「虐殺」と各種の非行事件の起きたことは動かせない事実であり、私は日本人のひとりとして、中国国民に心からお詫びしたいと思うのです。

ただ、中国が言うように三十万人を殺したというのは、東京裁判でもそう言われたのですが、あり得ない話です。当時、南京の市民が疎開して三十万人もいなかったし、軍隊もそんなにいるはずはないのですから。

昭和十三年一月、作家の石川達三が中央公論から南京に特派されて行っています。前年十二月に起きた南京事件そのものは終わっているのですが、それでも相当数の虐殺が行なわれてい

るのを彼は目撃しています。それを小説『生きてゐる兵隊[*2]』として発表すると直ちに発禁となり、執行猶予付きですが懲役刑を言い渡されました。それを読んでも、南京で日本軍がかなりひどいことをやっていることはわかります。

そうしたことも含め、日本軍はあまりほめられた軍隊ではなかったと思うんですね。やや後になりますが、昭和十四年二月に日本陸軍省がひそかにつくった「秘密文書第四〇四号」というのが残っています。そこに「事変地より帰還の軍隊、軍人の状況」という、中国から帰国した軍人から聞き書きをした記録があります。

「戦闘間一番嬉しいものは掠奪で、上官も第一線では見ても知らぬ振りをするから、思う存分掠奪するものもあった」

「ある中隊長は『余り問題が起こらぬように金をやるか、または用を済ましたら後は分からぬように殺しておくようにしろ』と暗に強姦を教えていた」

「戦争に参加した軍人をいちいち調べたら、皆殺人強盗強姦の犯罪ばかりだろう」

これは、南京事件だけじゃなくて、その後の戦闘でも日本軍の軍紀はかなりゆるんでいたのではなかったかと思うのです。たいへん評判の悪い「戦陣訓[*3]」が昭和十六年につくられますが、これは、いくらなんでもひどすぎるというので軍紀の紊乱を戒めるためにつくられたものです。という具合に中国大陸においては、余りよろしくない行ないを日本軍がやったことは事実で、一つには、よく言われますが、中国大陸で「点と線」を占領したところで周りはすべて敵なんですから、どうにもならないところは確かにありました。また共産党軍というのは徹底した「逃げ」の戦術をとるのです。有名な第十八集団軍総司令官の朱徳将軍が発案した三原則は、「敵進我退」（敵が進めば、逃げ）、「敵駐我騒」（敵が駐屯すれば、周りでさわぎ）、「敵退我追」（敵が撤退すれば、追いかける）というもので、まともな戦いができないから、やってられないんですね。攻めて行けば誰もいない、駐屯すると周りで怪しげな気配があって歩哨が殺されたりするし、退けばたちまち敵の陣地になってしまうという、まことに「点と線」とはうまく言った言葉です。広く「面」の確保はままならないのです。

さらに中共軍は、「空室清野」（家を空にして、食糧を隠す）、「両平三空」（人と飲物と食物の三つを隠す）の二大戦略を民衆に徹底させましたから、日本軍が入って行くと家の中は空っぽで、食べ物など何もない。行けども行けども若い女の子もいなければ飲物も食べ物もない。攻撃してやっと占領しても村は空っぽ、しょうがないから引き揚げるとそこへだっだっだっと中国軍や民衆が入ってくる。これは有名な話ですが、蔣介石が合同軍事会議で中共軍の将軍に「八路軍（共産軍）は遊んでばかりいて撃たないというじゃないか、延安には一人の負傷者もいないというが本当か」と噛みついたそうです。

つまりこういう状況下に日本軍は戦っていたわけです。まあ、他人の国で戦争をしているのですから当然のことながら、ゲリラやテロで大変な苦労をしたと思います。

◆泥沼化していった戦争

ただ、非常にいい話もいくつも残っているんです。昭和十五年（一九四〇）、河北省無極の郊外に東陽村というところがありまして、そこの村びとは自警団をつくり、中国軍にも日本軍にも加担せず、自分たちだけで村を守り抜こうとしていました。そこへ日本軍のある中隊が進撃してきて自警団団長と話し合い、決して日本軍は不法なことはしないというのでたいへん仲良くなり、中共軍が攻撃をかけてきた時には日本軍と一緒になって追っ払ったというような話が残っています。この村と近所の村は日本軍と和気あいあい、実にいい関係だったのですが、その中隊が交替し、後に来たのが規律のよくない中隊でたちまち自警団を裏切り、今度は逆に、自警団が中共軍と手を組んで日本軍を追い出したという事実が残されています。作家の伊藤桂一さんがこの話を詳しく書いています。[*4]

部隊によって、いい中隊長小隊長がいると、いくらでも中国民衆と仲良くなれたのは事実のようです。

笑い話を一つ。わたくしもよく覚えていますが、子供のころ、都市の街角には「愛国婦人会」「国防婦人会」としるしたたすきをかけたおばさんたちが立ち、道行く人に「お願いします」と千人針――赤いぽつぽつで絵をかたどった手拭いを赤い糸で千人の女性に縫い上げてもらうと虎の絵が出来上がる、「虎は千里を往って千里を帰る」というので無事に帰ってきてもらおうということをやっていました。死線（四銭）を越えるために五銭玉や、苦戦（九銭）を超えるというので十銭玉を縫い付けた千人針が戦地に送られていました。しかし戦後になって聞きますと、「千人針には困った」という人が多くて、なぜかというと、シラミがわくんだと。どうにもならないくらい、千人針はシラミの巣にちょうどいいんだそうです。なるほどね、と思いました。

ところで、八路軍は見ていたんですね。「日本軍隊的政治特性」という極秘文書が残っていまして、その中で、千人針こそが日本軍隊の懦怯性——臆病で意志の弱いこと——の表れだと指摘しています。日本軍の兵隊は皆、お守りや千人針を身につけていて、それを持っていれば弾が当たらないと思っている。

街頭での千人針のようす　昭和12年

「日本軍隊は表面から見れば大変強そうに見え、見目よく見え、誰も彼もが現代軍事技術を具有した部隊であることは否認することはできない。しかし、その裏面では、この種の軍隊はかえって封建思想を残しているのであって、あたかも霊魂なきが如く、菩薩によりて自分を扶持せねばならぬのである」

そしてこの大いなる矛盾が表れて、日本軍隊は「一面相当の頑強堅決をもち、他面また非常に懦怯・貪生怕死であるといえるのである」。精神的に強いようだが、本当は臆病で意志がからっきし弱いことの証拠であって、あの連中は死を恐れていてそんな強くはないんだ、と鋭い観察で見越していたようです。

まずは、そういう戦争ですから、早く止めてしまうのが一番いいわけです。石原莞爾などはそのために懸命の努力をするのです。しかし、「あなたが満洲事変でやったことを、俺たちが中国でやっているんだ」と言い返されたというバカみたいな話もありまして、石原をはじめ、非拡大派や和平派の人たちはどんどん中央部から追い出されて戦争は泥沼化していきます。そして十一月には大本営が設置されます。このときから日本は戦時国家になったのです。

昭和十二年暮に南京は陥落しましたが、首都が落ちても戦争は終わらない。蒋介石以下、中国の主力は「武漢三鎮」といいまして武昌・漢口・漢陽という三つの街が固まって揚子江沿いにありましたが、その漢口へ首都を移して戦いを続け、共産党軍も北部からやたらにちょっかいを出して、「戦わずに逃げる、けれども後から占領する」を繰り返していました。

さすがに日本政府も軍部も、こんな戦いをいつまでもやっていては大変だということで、和平といいますか、なんとか戦闘を中止しようという工作が、表面立ってではなく密かに行なわれます。それは何十とあったといいます。そんな多くの和平工作で一番のクライマックスというのか、もしかしたら和平に漕ぎつけられるんじゃないか……と期待がもたれたのは、在中国のドイツ大使トラウトマンが、蔣介石と日本軍との間に立ってうまい条件を出した時でした。ところが、参謀本部も乗り気になっていたにもかかわらず、しょうがないのが総理大臣近衛文麿で、軍顔負けの強硬さで「われわれは勝ったのだから賠償をよこせ」などと言い出したのです。国民政府がそんな要求をのむわけありません。勝手に自分たちの国に入って来て荒しまわっているのですから、向こうにいわせれば敗者もへちまもない、むしろ賠償を取りたいくらいです。近衛文麿の方針は、

「中途半端な妥協をすると、昨年来の犠牲をすべて無意義に終わらしめるものだ」

「自分の方から進んで条件を提示し講和を促すことは、かえって彼の侮りを受けて彼の戦意を復活せしめ、大害を将来に招く恐れがある」

というわけです。従って、

「政府側としては、軍部（参謀本部）がかくの如き拙策をとって（まずいことをやって）講和を急ぐ真意は理解できない」

と和平工作をつっぱねたのです。当時の参謀次長多田駿中将の手記が残されています。

「常に普通は強硬なるべき統帥府（参謀本部）がかえって弱気で、弱気なるべき政府が強硬なのは実に奇怪に感じられる。しかしそれが真実で、こうなってしまうと一日も早く戦いを止めたいと思うのに、政府は支那を軽く見、また満洲国の外形だけを見て楽観したるためなり」

参謀次長ですよ、その人が慨嘆しているのです。こうして、せっかくのトラウトマンの和平工作も昭和十三年一月十五日までで打ち切られてしまいました。

◆致命的な「蔣介石を対手にせず」

翌一月十六日、近衛さんは声明を発します。これが有名な「国民政府を対手にせず」、つまり国民政府を政府としては認めない、もう和平なんてしないというもので、これでは戦っている当事者は最後までやらざるを得なくなってしまいます。実に馬鹿げた話で、せっかく参謀本部が乗り気だったのに、政府が強硬でぽしゃってしまったのです。

こういう記録が残っています。声明の後、近衛さんと政友会の大物、小川平吉との会話です。

近衛「彼らを対手にせずと宣言したものの、蔣介石が和平をいってきたらどうしたものか」

小川「そんなことは何でもないよ」

近衛「そうだな、その時にはまた方針を変えればいい」

小川「そうだ、そうだ」

こういうアホらしい会話を見ますと、日本の政治家は戦争を何と考えていたのか、日本人も多くの人が死んでいる事実をどう考えていたのかと思わざるを得ないのです。近衛は戦後、『失はれし政治』という本を書いていますが、その中でこう記しています。

「これは帝国政府は国民政府を相手とせずして、帝国と共に提携するに足る新興政権の樹立発展を期待し、それを以て両国国交調整を行わんとの声明である。この声明は識者に指摘せらるるまでもなく、非常な失敗であった。余自身深く失敗なりしことを認むるものである」

国民政府は対手にせず、中国に新しい政権を立ててそれと国交を調整しよう、つまり蔣介石と反目している汪兆銘という人を立てて国民政府にかわる傀儡政権をつくり、それと話し合いをしようということだったのですが、愚の骨頂もいいところです。日本はついに戦争から足を抜けなくなってますます泥沼化し、その後も他のルートで和平は探られたものの、もはや相手にされず、ひたすら戦争が行なわれたのです。

そんな時、われわれ少国民は、「兵隊さんは命がけ、私たちはたすきがけ」と一所懸命旗を振り、「勝った勝った」の提灯行列をしていたのです。やがて昭和十三年十月二十七日、ついに日本軍は漢口を陥落させます。蔣介石はさらに奥の重慶へ逃げます。しかしいくら日本軍が強力といっても補給という問題があります。点と線しか取っていませんから、ちょっと手を緩めればたちまちその間は切られてしまいます。中国大陸は奥深く、補給一つを考えてもたいへんなことなのです。漢口をやっと押さえたのがいわゆる「攻撃の終末点」、これ以上攻撃を進めると不利になる限界点だったのです。中国の兵隊や民衆の抵抗は治まらず、街を占領してもルートを占領できないのですからゲリラ戦が絶えず起こる、毛沢東のいう持久戦論が出てきて、でかい中国の地図の上に日の丸の旗はたくさん立てても、よく見れば日本が占領したのは主要都市のみで、その間はまったく敵地であったということになります。

昭和十四年に発表された司法省（今の法務省）の調査によれば、日本国民はしきりにぼやいています。

「戦争はいつまで続くものでしょうか。御上はなんのためにかように人命を犠牲にして、大金を要してまで戦争をなさるるか、私には不思議でなりません」

「大事な人の子を連れていって、幾年も幾年も無駄奉公させられてたまったものではない。焼けつくような熱いところで、飲み水もなく腹をへらして戦争をしているということだ」

漢口は「雀が落ちる」と言われるくらい暑いところなのですが。

「わが軍は漢口から先へ行くつもりか、広い国を先から先へ占領しても後が困るのではないか」

「戦死に際し、戦死して芽出たしと祝辞をのべたる村民あり、親として芽出たきことなし」

日本の民衆の中には泥沼の戦争への不満、先行きに対する政府への批判が徐々に出はじめるのです。政府も軍も困って昭和十五年はじめ、気を引き締めるために「日本の戦争目的」をうたい上げます。

「今事変の理想が、わが国肇国の精神たる八紘一宇の皇道を四海に宣布する一過程として、まず東亜に日・満・支を一体とする一大王道楽土を建設せんとするにあり。その究極において、世界人類の幸福を目的とし、当面において東洋平和の恒久的確立を目標としていることは、政府のしばしばの声明をまつまでもなく、けだし自明のことである」

これには現在六十五歳以上の人ならば懐かしく思われる言葉がたくさん出てきます。肇国の精神、八紘一宇、王道楽土、そういえば「東洋平和のためならば、なんで生命が惜しかろう」という歌もあったと……。それほど、日本の国自体も戦争目的があいまいになり、国民の気持ちにはいつまで戦争が続くのかという不安が大きくなっていったのです。

十月二十七日の漢口陥落で日本じゅうで提灯行列が行なわれた。その提灯行列の火の流れを三宅坂の上から見ながら、参謀本部の高級課員堀場一雄少佐が手記を残しています。

「漢口陥落して国民狂喜し、祝賀行列は宮城前より三宅坂に亘り昼夜に充満す。歓呼万歳の声も、戦争指導当局の耳にはいたずらに哀調を留め、旗行列何処へ行くかを危ぶましむ」

参謀本部の高級参謀が、漢口陥落で万歳の声を聞いているとかえって哀しくなる、旗行列はいいとしても、いったい日本帝国はどこへ行こうというのか、それを危惧するばかりであるというのです。堀場少佐はのち、戦争拡大に猛反対して前線に飛ばされてしまいます。そういう良心的な軍人も多々いたのですが、大勢はもはや止めることはできません、蔣介石を相手にせず、なのですから。となれば、この日中戦争をなんとか解決するために、次の段階へ進まざるを得ない、それは何かといいますと、その中国を後方から援助しているアメリカ・イギリス相手の戦争になるわけです。

まことに本日は情けないお話でした。

＊1――『呉淞クリーク』　昭和十四年（一九三九）、日比野士朗（一九〇三―七五）が日中戦争初期の上海戦線を舞台に、泥沼の戦い、負傷して野戦病院に入院するまでの体験を綴った作品。現在、中公文庫。

＊2――『生きてゐる兵隊』　第一回芥川賞作家、石川達三（一九〇五―八五）による南京攻略戦のルポルタージュ。昭和十三年（一九三八）に中央公論特派員として現地を取材して書いたが、言論統制により発禁に。石川は当局から起訴され、有罪判決を受けた。現在、中公文庫。

＊3――戦陣訓　昭和十六年（一九四一）、東条英機陸相が全陸軍に通達した訓諭。皇軍としての団結・攻撃精神・必勝の信念などを説き、日中戦争の長期化で乱れた軍規を引き締め、士気の高揚をはかろうとした。有名な「生きて虜囚の辱を受けず」はこのなかにある。

＊4――伊藤桂一が書いた河北省無極東陽村の話『兵隊たちの陸軍史』一九六九年、番町書房。

第七章

政府も軍部も強気一点張り、そしてノモンハン

軍縮脱退、国家総動員法

この章のポイント

一九三四（昭和九）年、対米英強硬派が中心となっていた当時の日本海軍は、ワシントン軍縮条約の単独廃棄を決定します。また、一九三八（昭和十三）年には国家総動員法が議会を通過し、本格的に軍国主義化が進んでいきます。そして一九三九（昭和十四）年五月、満洲西北部のノモンハンで、日本軍とソ連軍との間で軍事衝突が起こりますが、待っていたのはとても悲惨な結果でした。日本軍はこの時の失敗を何も反省しないまま、太平洋戦争に突入していくことになります。

キーワード

東郷平八郎／伏見宮博恭／超大戦艦建造／米内光政／山本五十六／井上成美／国家総動員法／東亜新秩序声明／ノモンハン事件

◆海軍中堅クラスの強硬論

今回はちょっと前へ戻ります。これまで陸軍中心の話をしてきまして、ここで海軍の話を加えておかないと、昭和の激動の全体像がわからなくなるからです。

昭和五年（一九三〇）のロンドン海軍軍縮条約を結ぼうとした時に、海軍部内が国際協調のため条約を結んだほうがよいとする穏健グループ、すなわち「条約派」と、国防のためには米英のいうとおりにならず艦隊を整備し実力本位でゆくべしとする強硬グループ、すなわち「艦隊派」に分かれ、ある種の抗争になりました。そのことは前に話しました（第一章参照）。そして艦隊派の人たちが東郷平八郎元帥、伏見宮博恭元帥をかついで条約派を追い落とすことに成功し、その結果、山梨勝之進大将は昭和八年三月、谷口尚真大将は同年九月、左近司政三中将は昭和九年三月、寺島健中将は同年四月、堀悌吉少将は同年十二月、坂野常善中将も同年十二月と、海軍の次代を背負って立つであろう軍政家たちが海軍を去っていきました。

山梨勝之進大将（当時は中将）は、翌昭和九年になって後輩に聞かれた際、当時のことを、

「海軍の人事はいったん海軍大臣が腹を決めたらどうにもならん。大角（岑生）海相の後ろからいろいろ強い示唆や圧迫がかかっているんだよ。具体的に言えば、伏見宮殿下と東郷さんだ。

東郷さんが海軍の最高人事に口出ししたことを、私は東郷さんの晩節のために惜しむ」と語っています。このように当時の海軍は、艦隊派つまり対英米強硬派の人たちが中心になっていたのです。そして、それから数年後の昭和十六年（一九四一）、対米戦争突入か回避かの関頭に際して、海軍中央の首脳に海軍省系出身者がほとんどいなかった事実を、どう考えたらいいのでしょうか。

海軍大臣・大角岑生、海軍次官・長谷川清、軍令部総長・伏見宮、軍令部次長・高橋三吉のち加藤隆義、連合艦隊長官・末次信正のち高橋三吉、参謀長・吉田善吾のち豊田副武、横須賀鎮守府長官・永野修身のち末次信正、海軍大学校校長・井上継松——といった面々が昭和八年から十年頃までの海軍の重鎮で、いずれも対英米強硬派あるいはどっちつかずの八方美人的な提督たちで、特に伏見宮様の意向がたいへん大きく、姿かたちがよくて、宮様にぺこぺこする人が出世するとも言われました。そうした艦隊派中心の陣容を見て、トップだけでなく中堅クラスまで俄然、対米英強硬論に固まっていきます。

昭和九年七月二日の朝刊に次のような記事が載りました。

> 「連合艦隊幹部連署の上申書提出
> 目下九州方面の海上において演習中の連合艦隊では内外の時局に鑑み、ことに明年の軍縮会議を控え、各艦長級以上六十名の連署をもって全員の意志を代表し、末次司令長官を通じて、一両日前、伏見軍令部総長宮殿下をはじめ奉り、大角海相、最古参

軍事参議官加藤（寛治）大将にあて、重大意味を有する上申書を提出した」南雲忠一大佐——真珠湾攻撃の機動部隊を指揮した人です——を旗振りとして、連合艦隊の司令官、参謀クラスの幹部が全員署名をして、上の艦隊派のお偉方に上申書を提出したというのです。背景には、ワシントン軍縮会議の有効期間が切れる昭和十一年に、それを延長するのか、改正するのか、あるいは廃棄するのかを決めることになっていた事情があります。

「一、明年の軍縮会議に当面してわが国は、一日も早く既存条約から蟬脱するため、最も早き機会においてワシントン軍縮条約の破棄通告をなし、明年の軍縮会議においては、国防自主権の確保、軍備権の平等原則を樹立すべく、すみやかに強固統一ある対策の確立を望む。

二、この重大時局に善処するためには、一刻も早く国内の政局不安を一掃し、すみやかに国民の全幅的信頼をうけ、公明にして強き政治を行ないうる内閣の出現を切望する」

注目すべき点をひとことで言えば、一は比率五・五・三の軍縮会議から脱退し、対等の軍備を完整せよということ、二は海軍軍人が政治に口出しをしていることです。これを平気で書いて提出している、二・二六事件の青年将校たちの心情とそう変わりません。

海軍を実際に動かしている中堅クラスが強硬論をぶちましたから、ワシントン軍縮条約は風前の灯となり、昭和九年十二月三日、政府は条約単独廃棄を決定しました。この条約はアメリカ五、イギリス五、日本三の比率ですが、考え方によってはその範囲内で互いに兵力の安定を計れる、軍艦造りを競争する必要のない、平和維持にはまことにいい条約であったともいえるのですが、それではやってられないというのが海軍軍人たちの思いでした。

条約廃棄をアメリカ、イギリスなどに通告した日、加藤寛治大将は、その年の五月に亡くなった東郷平八郎元帥の墓参りをし、その後で寄った側近宅で主人不在のため置いて帰った名刺にこう書いたといいます。

「帝国海軍更生の黎明を迎え候につき、只今東郷元帥の墓に詣でて、いささか英霊を慰め奉り候」

果たしてこれが日本海軍の黎明、新しい出発の日であったかは、疑問とせざるを得ません。ワシントン海軍軍縮条約が守られている状態を「naval holiday」（海軍の休日）といって、「お休み」というぐらい世界じゅうの海軍が静かな日々を送っていたのですが、日本が軍縮会議からの脱退を決めますと、互いの縛りがなくなるわけですから、アメリカもイギリスも軍艦を再びどんどん造りはじめます。では日本海軍は、その平和な状態をつっぱねて、一体どうするつもりだったのか。

◆超大戦艦を建造すべし

後にもしばしば出てくる海軍軍人、石川信吾中佐がまだ軍縮条約が守られていた昭和八年十月、「次期軍縮対策私見」という長文の意見書を提出しています。簡単にいいますと、

「満洲事変を機に、日米のアジア政策は正面衝突し、アメリカは東洋進攻作戦に必要な諸般の準備を着々と進めている。さらには英国およびソ連も陰に陽にアメリカを支援しつつある。この時、それに対抗し、侵略意図を不可能にするためには、軍縮条約から脱退し、兵力の均等をうることが絶対条件である」

軍縮条約からの脱退を強く訴え、脱退しても大丈夫だと断言するのです。日本の産業も文化も長足の進歩を遂げており、満洲の経営もうまくいっているのだから、無条約時代に入っても心配ない、これをチャンスととらえ、パナマ運河を通れないような超大戦艦を五隻建造し、これを中心とする日本の国情に合った効率のいい軍備を充実することで、アメリカに対する勝算は確実に得られるのだ、と説くのです。

この意見書に代表される海軍中堅クラスの対米英強硬論に、誰も彼もが同意しだしました。その背景には、「ワシントン会議は結局アメリカの勝利、日本の敗北であって、ルーズベルト以来のアジア戦略政策が成功した結果なのだ。またロンドン軍縮会議はアメリカに関する限り軍縮ではなく軍拡であり、日本を屈服させてのアメリカの平和維持なのだ」という考えがありました。要するに日本は国際協調だなどといい気になっているが、実際はアメリカの思う通りにアゴで使われている大敗北だというのですね。ゆえに「naval holiday」は日本にとっては全く鬱屈した気分だったというわけです。

もはや軍縮会議から脱退するほかはないという機運になった昭和九年十月、軍艦の建造や修理など全般を統轄する海軍艦政本部に、たいへんな要求が軍令部から出されました。「四十六センチ主砲八門以上、速力三十ノット、パナマ運河を通れない超大戦艦を建造すべし」

四十六センチ主砲というのは言葉ではイメージしにくいのですが、ふつうの戦艦の主砲は四十ないし四十二センチです。それでも弾は三万五千メートル飛びますが、四十六センチになりますと四万メートルは飛びます。ものすごい大きな弾で、それを積むのですから必然的に戦艦の長さも幅も大きくなる、するとパナマ運河は通れない。ということは、アメリカにすれば太平洋と大西洋の間を行ったり来たりできなくなります。大西洋にいたものを太平洋に持ってくるには南米大陸をずーっと回ってこなくてはなりませんから、とんでもない時間を食います。たいそう不利なことになる。だから日本軍は絶対にアメリカに負けない、必ず優勢になる、と考えたのです。

こうして、軍縮条約脱退と同時に超大戦艦の建造がはじまり、それが後の戦艦大和、武蔵になりました。

これらの戦艦は極秘のうちに造るのですが、かりに完成直前にアメリカに知られたとしても、急に対抗したとて一年以上も日本は優位に立てると踏んでいました。海軍は、日米の戦艦がぶつかり合って相手を撃滅するという、日露戦争の日本海海戦を思い描いていたのです。敵の大砲が届かない距離からも届く戦艦の大砲で敵を潰してしまおうという、まことに華々しく夢みたいな話で、よく言うように「軍人は常に過去の戦争を戦う」のであって、過去の戦争だけを手本とし、兵器の進歩や世界情勢の変化を予測することはほとんどないのです。

それにしても、日本の明治からの発展は、イギリスと同盟を結んでいたからなんですね。日露戦争に勝てたのも英国との同盟がすこぶる有効であったし、日露戦争がかろうじて勝利と認められたのもアメリカのセオドア・ルーズベルト大統領が仲裁をしてくれたおかげです。したがって日本はアングロサクソンと協力といいますか、敵対しないことが国家発展のための有効な方法だったのです。そのアメリカ、イギリスと仲良くやっていこうと決めた軍縮条約が、日本は不満で不満で仕方ない。というのも、どうも両軍縮条約を結んだあたりから、とくに対イギリス感情が変化してきていたのです。

ワシントン海軍軍縮条約を結ぶ際に、アメリカが日英同盟の廃棄を要求してきました。万一、日米が戦争をはじめた場合、日本と同盟しているイギリスをも相手にすることになれば比率が五対八になる。アメリカにすれば当然の要求なのです。しかしこの同盟廃棄あたりから、仲良かったはずのイギリスを、日本海軍はむしろ敵視しはじめます。

そもそも第一次世界大戦にその発芽がみられます。このとき同盟条約に基づき、日本海軍が地中海まで出てイギリス海軍を応援したのですが、その頃からやや「イギリスに思うように使われているんじゃないか」という猜疑心が芽生えます。でも、まだそれほど強い反英感情ではありませんでした。ところが、日英同盟を廃棄して昭和に入ってから、イギリス、ひいてはアメリカに対する感情が、悪化してくるのです。どうしてか。それを書いた文書があります。少し先になりますが、昭和十三年（一九三八）九月に海軍軍令部がまとめた「対英感情は何故に悪化したか」という、日本海軍独自の分析です。長いのでまず「間接的な原因」を簡単にわかりやすくまとめますと、

一、第一次世界大戦ではイギリスは日本をいいように利用し、終戦後の講和においては、零れ落ちるパン屑さえくれなかった。そしてついに近年は、日本の貿易に対して全面的な迫害になってあらわれている。

二、イギリスは、日本民族が発展していこうとすることが気に食わないのか、いたるところで圧迫してくる（と、たくさんの例をあげ）、イギリスが政治的または経済的に支配しているアジアにおいてはとくに然りである。近頃の中国が排日侮日政策をとっていること、蘭領東インド（現在のインドネシア）その他の人びとが実に傲岸不遜な態度をとるのも、すべてイギリスが背後で援助して煽っているからと確信する。

三、自国の過去の植民地政策などはまったく棚に上げて、日本がやっていることをことごとく侵略・不正行為呼ばわりし、「ロイター」その他の新聞を総動員して世界の世論を反日に導いている。イギリスが各国を誘って、対日包囲網をつくりつつある。

と実例を引いて三つの理由を挙げ、こういう国と日本はどうして仲良くできるのか、と述べ

ています。

さらに「最近はとくに、支那事変におけるイギリスの態度はまったく日本への敵意を示していると断言せざるを得ない」など十六項目にわたって理由を連ねています。そして日中戦争がうまくいかないのはイギリスが後ろからあれやこれやと中国を応援しているからだとしています。さらに「直接的な原因」としては、イギリスの日本に対する態度の傲岸不遜――三等国扱いしているのは、さながら明治維新の時のパークス公使の恫喝[*1]や圧迫と同じで、日本を国家として認めていない不遜な態度で許せない、というわけです。

海軍軍令部自身の分析ですから、みながそう考えていたともいえるのでしょう。結論として「日英国交恢復の鍵」でこう述べます。

「……英国の繁栄のために、アジアにおける日本の生存権を犠牲にして顧みず、支那の排日反日政府を助長育成したる結果が今日の日支紛争であって、……従って、英国にして日本を圧迫して、そのアジアの繁栄を企図しようとする根本方針を改めないかぎり、日英の国交調節ははなはだ困難であると言わざるを得ない」

簡単に言えば、とにかくイギリスは自国の繁栄のために日本のいっさいの権益を認めない、中国をおだてて排日反日運動をやらせている。このような態度を改めないかぎり、日本はイギリスと今後うまくやってはいけない、イギリスはもはや敵だという結論です。そして当然、イギリスの後ろにはアングロサクソン同士であるアメリカがいますから、イギリスを仮想敵国とすることはアメリカとの衝突も覚悟していることになるわけです。

といっても海軍の全員が全員、そういった人ばかりではなく、米内光政や山本五十六や井上成美ら、またそれにつながる人びとは、このような日本海軍の危険な考え方や政策は日本をとんでもない方向へ導くのでは、とかなり牽制するのですが、海軍中央は「何するものぞ」と対米英敵視と敵対意識を強めていきます。必然的に、同じように世界から孤立化しているヒトラーのドイツが「仲間」のように浮かび上がってくるのです。

昭和十一年三月、第三艦隊参謀長の岩村清一少将は、あまりにも危険な海軍中央の考え方に対して意見を具申しています。

「帝国はいまだ好んで英米との衝突を誘起するが如き時機に達せず……帝国の外交を正常の軌道にのせ、課すに一定の時と順序とをもってし、逐次に国家の進展を将来に期すべく、勢いに乗じ戦にあせって、己を知らず敵を知らずして不準備の裡に無名の師を起こすは、もっとも戒むべきことに属す」

強気になっているが、日本の国力から見れば、英米と衝突するなどとんでもない話である。外交をよろしくやって、徐々に国家を進展させていったほうがいいのだ。勢いに乗じ、あるいは気勢だけを上げてろくな準備もないまま正義なき戦争を起こすことになってはとんでもない事態になる、と警告しているのです。こういう人も確かにいたのです、けれども残念ながら少数であり、あまりにも力が弱かったということです。

以上がだいたい海軍の当時の状況です。陸軍は二・二六事件によって統制派が天下をとり、対中国一撃論が日中戦争へと具体化していった頃、海軍でも対英米強硬論が次第に支配的になっていたことを指摘しておく必要があったのです。

このように陸海軍の「勢いに乗じている」日本は、非常時のかけ声とともに、ますます強固な総力戦態勢をつくらねばならない状況下に陥り、国民は駆け足でそれについてゆきます。

◆「国家総動員上必要あるとき」

当時の日本政府は、前回に話しました「蔣介石を対手にせず」と唯我独尊的なことを言い出した近衛文麿内閣でした。国民政府を対手にしないのですから、日中戦争は和平の機会をとらえられず、徹底的に相手を打倒するまで続けねばならない、その中国には後ろにイギリス、アメリカがついていますので、やがてそれらと正面衝突して世界的な戦争になる恐れが常にありました。

そこで近衛内閣は、陸軍統制派が先の「陸軍パンフレット」（昭和九年）で唱えた「国家総動員体制」を早くつくるべきだという意見に乗っかって、その完成を目指して昭和十三年（一九三八）一月、議会に「国家総動員法」を提出します。この体制ができ上がって本当にひどくなるのは翌昭和十四年ぐらいからですが、出来上がったのは昭和十三年、支那事変がはじまって、「蔣介石を対手にせず」と明言した直後です。
その内容は、国民を好き放題に徴用できる、賃金を統制できる、物資の生産・配給・消費などを制限できる、会社の利益を制限できる、貿易を制限できる……つまり戦争のために国民はもっている権利をいざとなったら全面的に政府に譲り渡すというもので、「軍需品を十分に作って軍隊に渡し、陸海軍に不断の戦闘力を供給する。同時に民需品を補給して経済の運行を確保する」という建前のもと、総力戦を戦える国防国家をつくりあげるにはどうしても必要不可欠な法律でした。

これには既成政党である政友会も民政党もさすがに猛反対します。あたりまえなんです。たとえば条文の第四条にある、

「政府は戦時にさいし、国家総動員上必要あるときは、勅令の定むる所により×××することを得る」

この×××は文言が入ってないんです、ですから「一万人を徴用する」「日本製鉄を徹夜で働かせる」など何でも入れられるのです。つまり勅令というのは天皇の命令ですから、政府は戦争を遂行するためにはいかなることもできるのだとうたわれている、これはとんでもない話じゃないか、憲法違反だ、というわけです。

議会が開かれ、この法案をめぐって激論がはじまりました。昭和十三年二月二十四日、最初に質問に立ったのは民政党の斎藤隆夫代議士でした。この人の名は後にも出てきます。その演

説の内容は、日中戦争が予想外に拡大した。こうなると、何を措いても国防を強化せねばならないのはわかる。が、これほど広範囲にすべてを政府に委任する法律は認められない。これは逆に言えば政府が勝手気儘に天皇の非常大権を制限する、つまり大権干犯ではないか。憲法では国民の権利義務の制限は議会の協賛を必要とすることになっているが、この法案が通過すればそれを無視して政府があらゆることをやれることになってしまう、という反対意見でした。

それから連日のように、民政党と政友会の雄弁な代議士が次々に出て議論をふっかけます。情けないのは近衛さんで、答えられないからでしょうが、具合が悪くなったなどといってはちょいちょい休むのですね。そんなすったもんだの中で、有名な話が二つあります。

三月三日、総動員法の委員会でしつこく質問する人がいて、それにいちいち陸軍省軍務局員の佐藤賢了中佐が答えていました。陸軍はどう考えているのか、といった端的な質問に対し、佐藤中佐は長々と何度も同じような答弁をするのです。それにいらだった政友会の宮脇長吉代議士――紀行作家として有名で最近亡くなった宮脇俊三さんの父親です――が「長過ぎる！」「いい加減にしろ！」などと野次を盛んに飛ばすと、佐藤中佐がついに「黙れーッ！」とこれを一喝したのです。説明を義務とする者が代議士に向かって威嚇するとは何事か、と大騒ぎになって委員会はガタガタ紛糾し、ついに翌日、杉山（元）陸軍大臣が「心から申し訳ない」と詫びる事態になります。これで一応は済んだのですが、ただこうやって見ますと、陸軍の横暴横暴とはいうものの、昭和十三年三月頃はまだ、議会の方に陸軍をへこます力があったともいえるわけです。

このような笑いたくなるような事件を含みながら、政友会も民政党も懸命に、なんとか少しでも法案に制限を加えようと頑張っていたのですが、なんと左翼がこの法案に大賛成でした。当時、唯一の革新政党ともいえる社会大衆党は、何度も賛成論をぶったのです。現代から眺めれば、左翼勢力は階級闘争を通じて資本主義を改革ないし打倒しようと考えているわけですから、こうやって国家社会主義的な議論を押し立ててゆけば資本主義打倒も可能なのではないかという思惑があったためでしょう。矛盾したややこしい理屈ですが、つまりはそれが革新に通じるとでも錯覚したのでしょうね。そこでもう一つの事件が起きたのです。

◆「スターリンのごとく」大胆に

三月十六日、この国家総動員法案が通過成立する当日ですが、社会大衆党の雄弁家をもってなる西尾末広代議士が登壇して大演説をしました。ちょっと面白いので引用します。

「……さる三月十四日は、五箇条の御誓文[*2]の七十年目にあたるのであります。『わが国未曾有の変革をなさんとし』と御誓文の冒頭に仰せられているのであります。まことにしかり、今日においても、わが国は未曾有の変革をなさんとしている。御誓文のなかには『旧来の陋習を破り、天地の公道にもとづくべし』こういうご趣旨もうたわれているのでありまして、この精神を近衛首相はしっかりと把握いたされまして、もっと大胆率直に、日本の進むべき道はこれであると、ヒトラーのごとく、ムッソリーニのごとく、あるいはスターリンのごとく、大胆に日本の進むべき道を進むべきであろうと思うのであります。今日わが国のもとめているのは、確信にみちた政治の指導者であります」

　とこうやったんですねえ。「ヒトラーのごとく、ムッソリーニのごとく」辺りまではまだいいものの――もちろん日本は独裁政権ではありませんからヒトラーだってとんでもないのですが――最後に「スターリンのごとく」ときた瞬間、議場はひっくり返ってしまいました。怒った民政党と政友会からは「一体何を考えているのか」とガンガン野次が飛ぶのですが、西尾さんは屁でもありません。

「いまや世界は個人主義より相互主義へ、自由主義より統制主義へと進展しつつある」

「歴史的使命を果たすために、いまや躍進しつつある日本にとっては、国防の充実が絶対に必要である」

「労働者は労働をもって国に報じ、財力のある者は財力をもって国に報ずるとの愛国心の具体的表現と、これを組織化し、総動員法によらざれば、今後の戦争に勝利を博することはできない」

　と最後まで続けました。そして席に戻り、周りがわんわんいっているのを見てようやく自分の演説が大問題になっていることに気付くのです。そこで弁明のために再登壇し、「ヒトラーのごとく、ムッソリーニのごとく、あるいはスターリンのごとく」のくだりをすべて削除したいと申し出たのですが、政友会と民政党の議員は承服せず、議会は大混乱のうちに、やむなく議長が西尾議員を懲罰することで収拾しました。

ところがまた面白いことに、西尾議員が懸命に弁明しているにもかかわらず、なかにはこれに賛成する人もいたのです。尾崎行雄（咢堂）が西尾議員の後に登壇し、

「そこで私も言おう。近衛首相は自信をもって、ヒトラーのごとく、ムッソリーニのごとく、あるいはスターリンのごとく、大胆に日本の進むべき道を国民に示して指導せられたい。……西尾君はこの言葉を取り消したが、私は取り消さない。西尾君を除名する前に、私を除名せよ」

と応援演説したのです。今からみると、これほどの国家の大事を決めるのに何をやっているんだという感じがしないでもない。結果的には西尾代議士だけが除名されました。

そんな騒ぎを経て、この三月十七日に法案は通過してしまいました。「国家総動員法」ができていよいよ、いろんな手続きを踏みつつ日本の軍国主義化は進んでゆきます。

もうひとつ、昭和十三年十一月の議会で近衛内閣がある声明を発表します。いわゆる「東亜新秩序声明」です。

「蔣介石を対手にせず」後、日中戦争はもはや交渉相手がいなくなりました。そこで日本が考え出したのが、国民政府の時代に蔣介石とやりあっていたもう一方の旗頭の汪兆銘を担ぎ出して新しい政権をこしらえ上げ、その新しい政府と交渉をしてなんとか戦争を解決しようと

いう策です。そうなると蔣介石の国民政府は一地方政権でしかなくなり、中央政権である汪兆銘政府と日本が協力してアジア（当時は東亜といっていました）の平和を回復しようというのです。そのためにはスローガンが必要なので、「東亜新秩序声明」が出されたわけです。つまり今までのように「中国はけしからん、だからこれを叩き潰す」というのでは世界に認められませんから、日中戦争はアジアの安定を確保するための戦いであって、日本、満洲国、汪兆銘政権の中国が仲良く手を結んでアジアに新しい秩序をつくるために続けているのだという大名目をつくりあげ、歴史的にも意義のある戦争だと主張したのです。

その裏には、ヒトラーのナチス・ドイツが勃興して急速に力をつけ「ヨーロッパ新秩序をつくる必要がある」と叫び出した背景があり、これに連動して日本もアジアで東亜新秩序をつくろう、をスローガンにしたのです。

この考えが次第に大きくなり、西欧列強の植民地であるアジアの国々の解放という思想にまでやがて発展していきます。それまで日本は明治・大正・昭和にかけて、現実的には親欧米路線といいますか、ヨーロッパの国際秩序に従ってきました。たとえばワシントン体制という、ヨーロッパ中心の国際法を守るかたちで日本もそこに参加していました。ところがここで「東亜新秩序」を発表したということは、自前の秩序をつくろうとしていると世界に表明したことになるわけです。日本が指導者となりアジアに新しい世界をつくりつつあるので、ヨーロッパ諸国やアメリカは余計なおせっかいはするな、という態度でもあります。

ノモンハン周辺図

ですからこの声明は、日本が蔣介石を見放したのと同様に、日本がアメリカを含め西欧列強と縁を切ったことも意味することになる。このあたりから雑誌ジャーナリズムの世界は、東亜新秩序一色になります。米英協調主義、国際法遵守主義の人たちが論壇から徐々に退場していき、「日本がアジア新秩序をつくる」などと書きたてるようになる。こうして日本はますます世界で孤立化してゆくのです。

そしてアメリカはこの声明ですっかり硬化してしまったんです。

◆ノモンハンの悲劇

以上が昭和十三年末頃までの日本の情勢です。昭和十四年（一九三九）に入ると、国家総動員法も強化され、米英としばしば衝突する時代がやってきます。一方、ヨーロッパでは、ヒトラーが新秩序をつくるという大方針のもと、東にあるチェコスロバキア、ポーランドなどいわゆる東欧諸国へと勢力を広げつつありました。こういう世界変動の急速にして激しい状況下で起きたのが、ノモンハン事件です。昭和十四年五月中旬から八月末、満洲西北部のノモンハンを中心とする広大なホロンバイル草原で、関東軍プラス満洲国軍と、極東ソ連軍プラス蒙古（モンゴル）軍とが大激戦をやったのです。

事件は、満洲国をつくって国防の生命線とし、関東軍がその後ろ盾になる、つまり満洲国に手を出せば関東軍が相手になるという態度をはっきり示した直後に起きました。これも「戦争」といわず「事件」というのは互いに宣戦布告をしたわけではなく、「相手が国境線をまたいで領内に侵略してきた」と言い合った単なる国境紛争で、本来すぐ終わってしまう話だったからです。それが両方とも大軍を出して戦うことになったのはなぜか。

満洲の防備を担当している関東軍としては、満洲国ができてからせいぜいゲリラ部隊――当時は匪賊などと言っていました――との小競り合いぐらいしかなく、大部隊を抱えていながら毎日演習演習と、およそ勲章に値する戦闘がなかったのです。軍人というのは困ったことに、戦争をして勲章をもらわないとなかなか出世しません。中国大陸の方では戦争をやっていて、しかも連戦連勝で次から次へと勲章や進級の栄誉をもらって威勢がいいというのに、「日本の生命線」を護っている「無敵関東軍」が鳴かず飛ばずであるとは許せないというわけです。しかしながら、陸軍中央としては関東軍が余計なことをやってソ連との国境線で大戦争でも起これば大ごとですから、「当分の間、静かにしていてくれ」という意味で、できるだけ紛争を起こさないように静謐命令を出していたのです。

ところが関東軍にしてみれば、命令はわかるが、侵されても侵さないとは座ったきりで負け

ノモンハン事件。ソ連兵の監視下にある日本軍捕虜（ソ連軍撮影）

ていろということかと大いに不満で、「国境紛争があった場合はこういうふうにする」と独自に方針を決めました。それを東京の陸軍中央に知らせるかどうかの微妙な状況の時に、ノモンハンで国境紛争が起きたのです。

　四千キロに及ぶ長い国境線ですから、そういう紛争は以前にも至るところでありました。そもそもソ連軍は満洲国を認めていませんから、新たに満洲国と交渉して国境線など決める必要はないということで、かつて清国と話し合って決めたものを中ソ国境としています。ですから満洲側と主張の異なる箇所がずいぶんありました。ノモンハンの場合、ソ連はその集落までをモンゴル領とし、日本（満洲）は集落より西側のハルハ川を国境線と考えていたのです。ところがホロンバイル草原は、羊など家畜の餌になる草がたいへんよく、モンゴル人は、国境などという意識はなく、昔と同じように川を渡って草原に入ってくるわけです。しかし日本側にとってはハルハ川を越えてくるなどとんでもない、国境侵犯になる、というわけです。

こんなふうに四千キロのあいまいな国境をめぐる偶発的紛争は何度も起きていて、たとえば昭和十一年百五十二回、同十二年百十三回、同十三年百六十六回、とくに十三年から十四年にかけては数えられないくらい頻発していました。それでも陸軍中央が「なんとか大戦争にならぬよう収めろ」と命令してくるので関東軍は頭にきて、勲章欲しさもあり、今度明らかに侵犯してきたら徹底的にやっつけてやろうともくろんでいました。それで独自の方針をつくり、国境線を守る部隊に配布した途端に起きたのがノモンハンの紛争です。さあ、この方針どおりやれ、と第23師団が全力をあげてかかりました。

モスクワでそれを知らされたスターリンは、仰天すると同時にこれをチャンスとみました。というのは、当時ナチス・ドイツがポーランドに手を出し、自分のものにしてしまう可能性が大きくなっていました。ポーランドがドイツ領になると、ソ連はドイツと国境線を接してしまいます。ヒトラーは、著書『わが闘争（マインカンプ）』でも書いているように、常々、共産主義は撲滅すべきと豪語しているほどですから、スターリンはドイツが目の前にくるということに痛切に脅威を感じました。ドイツの唱えるヨーロッパ新秩序に対処するにはそちらに全力を注がなければならないのですが、その時、はるか東方の満洲で小競り合いが起こって関東軍の攻撃がはじまったと聞くと、スターリンは「まだ時間はある、この機会に日本軍をこてんぱんにやっつけてアジアを安泰にしておいてからヨーロッパに全力を注ごう」と考えました。

そして「名将」ジューコフ将軍を総指揮官に近代的な最新鋭の戦車部隊、重砲部隊を投入して日本軍を叩き潰す作戦に出ました。そうなると関東軍も第23師団以下、他師団も加わって全力でこれに刃向かい、単なる小さな国境紛争が大戦争になってしまったのです。

『昭和天皇独白録』にはこう書かれています。

「ノモンハン方面のソ満（正しくは満蒙です）国境は明瞭でないから不法侵入は双方から言いがかりがつく」

「当時、関東軍司令官山田乙三（正しくは植田謙吉です）には満洲国境を厳守せよとの大命が下してあったから、関東軍が侵入ソ連兵と交戦したのは理由あることで、また日満共同防衛協定の立場から満洲国軍がこれに参加したことも正当である」

また、国境線はこのままではいけないということから、以下を付け加えます。

「この事件に鑑み、その後命令を変更して国境の不明確なる地方及び僻地においては、国境は厳守するに及ばずということにした」

記述はこれだけです。ということは、日本の第23師団約二万人のうち約七〇パーセントが死傷して師団が消滅してしまったほどの大戦争が起きていることを、どうも昭和天皇は知らなかったようなんですね。考えてみるとずいぶんおかしなことなのですが、そう考えるより解釈のしようがない。

◆戦争は意志の強い方が勝つ

戦闘は日増しに大きくなっていきました。陸軍中央が止めるのも聞かずに関東軍は勝手に突っ込んで行きます。ソ連は戦車や大口径砲をつぎ込む。凄惨な戦いとなりました。結果的には日本側は五万八千九百二十五人が出動して戦死七千七百二十人、戦傷八千六百六十四人、その他を含め計一万九千七百六十八人と、三三パーセントつまり三分の一が死傷しました。ふつう軍隊は三〇パーセントやられれば潰滅という感じです。それほどの大損害を受けたのです。ソ連軍も蒙古軍を含めるとたいへんな死傷者を出していて、二万四千九百九十二人といいますから日本よりも多いんです。それで近頃、うわついた評論家など「ノモンハンは日本が勝ったのだ」と言う人が少なくありません。そりゃ死傷者数だけみれば、日本の兵隊さんが本気になってよくぞ戦ったというところもありますが、結果として国境線は相手の言う通りになったのです。ハルハ川ではなくノモンハンまで出っぱったところ、ホロンバイル草原までが全部モンゴルの領土になったのですから、日本軍が勝ったなどとても言えません。ジューコフの指揮のもと、最新鋭の戦車、重砲、飛行機を次々に投入してくるソ連軍に対して、日本軍は銃剣と肉体をもって白兵攻撃でこれに応戦したわけで、まことに惨憺たる結果となりました。

捜索第23連隊長・井置中佐自決、第8国境守備隊長・長谷部中佐自決、歩兵64連隊長・山県大佐孤立自決、野砲13連隊長・伊勢大佐孤立自決、歩兵62連隊長・酒井大佐負傷後送のち

自決、元歩兵71連隊長岡本大佐入院中斬殺さる——

といった具合に、日本軍を指揮し最前線で戦った連隊長はほとんど戦死あるいは自決でした。酒井大佐の「負傷後送のち自決」とは、戦闘状況の訊問の終わったあと、拳銃を置いて出て行かれ責任を取って自決せざるを得なかった、そういう悲劇もありました。

この戦いを指揮した関東軍の作戦参謀が、服部卓四郎中佐と辻政信少佐でした。服部曰く、

「失敗の根本原因は、中央と現地部隊との意見の不一致にあると思う。両者それぞれの立場に立って判断したものであり、いずれにも理由は存在する。要は意志不統一のままずるずると拡大につながった点に最大の誤謬がある」

また、辻は、

「戦争は指導者相互の意志と意志との戦いである。もう少し日本が頑張っていれば、おそらくソ連軍側から停戦の申し入れがあったであろう。とにかく戦争というものは、意志の強い方が勝つ」

二人とものほほんとしたことを言っていますが、そこからは責任のセの字も読み取れません。まことにひどい話です。

戦争が終わってから「ノモンハン事件研究委員会」が設置され、軍による反省が行なわれました。

「戦闘の実相は、わが軍の必勝の信念および旺盛なる攻撃精神と、ソ連軍の優勢なる飛行

機、戦車、砲兵、機械化された各機関、補給の潤沢との白熱的衝突である。国軍伝統の精神威力を発揮せしめ、ソ連軍もまた近代火力戦の効果を発揮せり」

いいですか、こちら側は必勝の信念および旺盛なる攻撃精神でありまして、向こう側は戦車、砲兵、機械化された各機関、十分に潤沢な補給、それが白熱的に衝突したものである、というのが結論で、従って、

「ノモンハン事件の最大の教訓は、国軍伝統の精神威力をますます拡充するとともに、低水準にある火力戦能力を速やかに向上せしむるにあり」

要するに、これからもますます精神力を鍛える必要がある、ついてはもう一つ水準の低い火力戦の能力を向上させたほうがいいことがわかった、というわけです。

火力戦の能力向上については、これが勝利の戦いであったなら付け加えなかったでしょうね、言い訳めくから。

昭和十四年八月にこの戦いが終わって二年半がたたないうちに、太平洋戦争がはじまります。低水準の火力戦能力がわずか二年半で向上するはずはありません。ノモンハン事件の本当の教訓はまったくかえりみられなかったと言っていいと思います。その影響はどこにもなかったのか。たった一つあるとすれば、服部卓四郎と辻政信の心の内にありました。

「これからは北に手を出すな。今度は南だ」

二人はそう確信したのです。そうとしか考えられない。

事件後、軍司令官や師団長は軍を去りますが、参謀たちは少し左遷されただけで罪は問われませんでした。服部卓四郎は昭和十五年十月には参謀本部に戻って作戦班長に、翌十六年七月には作戦課長となります。また辻政信は昭和十六年七月に作戦課に戻り、戦力班長になります。つまりノモンハン事件で膨大な被害を被らせたはずの二人が再び参謀本部の作戦課に戻って「今度は南だ」と南進政策――これはイギリス、アメリカとの正面衝突を意味します――を、「こんどこそ大丈夫」と言わんばかりに推進したのです。なお、参謀にはお咎めなし、というのは陸軍の伝統でもありました。

後の話になりますが、ご存じのように、太平洋戦争では日本は見る影もなく撃ち破られるのです。昭和十九年（一九四四）七月にサイパン島が陥落し、もはや太平洋戦争に勝利はないと確定した時、作戦課長であった服部卓四郎大佐はこう言ったといいます。

「サイパンの戦闘でわが陸軍の装備の悪いことがほんとうによくわかったが、今からとりかかってもう間に合わない」

何たることか、ノモンハンの時にすでにわかっていたではないか、と言いたくなるのですが、いずれにしろ日本陸軍はこれだけの多くの人をホロンバイルの草原で犠牲にしながら何も学びませんでした。昭和史の流れのなかで、ノモンハン事件そのものは転換点的な、大きな何かがあるわけではないのですが、ただこの結果をもう少し本気になって考え反省していれば、対米英戦争という敗けるに決まっている、と後世のわれわれが批評するようなアホな戦争に突入するようなことはなかったんじゃないでしょうか。でも残念ながら、日本人は歴史に何も学ばなかった。いや、今も学ぼうとはしていない。

＊1――パークス公使の恫喝　イギリス駐日公使ハリー・パークス（一八二八―八五）は、慶応元年（一八六五）から明治十六年（一八八三）までの赴任中、高圧的な態度で近代日本の形成に大きな影響を与え、日本でのイギリスの地位を向上させた。

＊2――五箇条の御誓文　明治新政府が明治元年（一八六八）、旧習を打破するとともに、天皇が国の中心であるという新しい政治理念と方針を国内に示したもの。

第八章

第二次大戦の勃発があらゆる問題を吹き飛ばした

米英との対立、ドイツへの接近

この章の

ポイント

日中戦争から太平洋戦争へと続く日本の戦いは、当時のさまざまな国の思惑のせめぎあいの結果の一つだと言えます。中でも特に大きく影響したのはドイツのヒトラーとソ連のスターリンの関係です。一九三九（昭和十四）年、突如ドイツとソ連が独ソ不可侵条約を締結し、世界中に衝撃を与えました。特に日本はドイツと対ソ連の軍事協力を強化しようとしていた矢先だったため、大きな影響を受けました。そして、第二次世界大戦がはじまります。

キーワード

平沼騏一郎／日独伊三国同盟／ヒトラー／五相会議／天津事件／朝鮮戸籍令改正／スターリン／独ソ不可侵条約／大島浩／阿部信行

◆海軍の良識トリオの孤軍奮闘

前回ノモンハン事件だけを一気に話しましたが、じつはその裏側に、外交と国政の大事な問題がたくさんありましたので、今回はそれを話します。

近衛内閣がにっちもさっちも動きがとれなくなったのは、政友会や民政党、また社会主義政党など、批判政党がちゃんとあったからです。結果的には「組織を持たない人気」、ただ人気だけはある総理大臣ではどうしても政界運営がうまくいかず、それでたちまち「辞めた」と。この人はすぐに放り投げてしまうのですが、昭和十三年（一九三八）の終わりに総辞職します。翌十四年一月五日、平沼騏一郎内閣が発足します。この人は元検事総長で、基本的には右翼的でした。ところが平沼内閣がさあスタートといった途端、というかその少し前あたりから、ヒトラー総統が率いるナチス・ドイツから日独伊三国同盟が提案され、外交的大問題になっていました。この同盟は、広田弘毅内閣の時に結んだ日独防共協定を強化して、軍事同盟にまでもっていこうという内容でした。

ところがこれに「待った」をかけたのが、海軍大臣の米内光政、同じく次官の山本五十六、それに少し遅れて軍務局長となった井上成美の三人でした。このトリオが真っ向から三国同盟に反対し、このために平沼内閣は閣議また閣議、いや、この問題を主に扱う五人の閣僚――総理大臣、外務大臣、大蔵大臣、海軍大臣、陸軍大臣――を集めた「五相会議」を実に七十回以上開きました。

「今日も五相（五升）あしたも五相、一斗をついに買えない内閣」

と諷されながらも海軍は頑として承諾せずにすったもんだしていました。

一方、陸軍は、対日強硬政策をとりつつある英米に対抗するために、さらにソ連という年来の敵に対抗するためにも、ドイツと同盟を結ぶことに賛成でした。陸軍が当時、何を考えていたのかがよくわかる文書が残っています。閑院宮参謀総長が昭和天皇に提出した「日独伊協定締結に関する大本営陸軍部の意見」という長たらしい名前のものです。ちょっと長々と引用してみます。

「本協定は元来、次期世界戦争に備えるをもって眼目となし、これに処するためその規模と分野とに関し必然の運命を洞察し、あらかじめ与国と方略とを準備するものでありまして、その効果を自主的に利用すべきものと存じます。これによりまして、我が方針に対する独伊の策応力を増大せしめ、極東の負担を軽減し、もってドイツの実力策応により我が対北方戦勝を決定的ならしめ、またイタリアの存在により我が対南方措置を軽易ならしむべきものと存じます。その戦略上もっとも有利なる形態は、イタリアをもって英国を抑留しつつ、ドイツと協同してまず『ソ』邦を各個に撃破するにありまして、これをさらに一歩進めますれば三国の提携と国力の強化とに伴い、戦わずして逐次その効を収むることでございます。
この政戦略上における『ソ』英の各個撃破は、次期大戦の根本方略でありますと同時に、東亜新秩序建設に課せられたる問題でございます。而してこの方略は帝国の参加によりはじめて考え得られるものと存じます……」

つまり陸軍は必然的運命的に、次の世界大戦が起こると決めていて、同盟締結はそれに備えるためであるとし、あらかじめ同盟国とそれにどう対処するかを準備するべきだ。ナチス・ドイツが猛烈な勢いで力をつけているから、ヨーロッパにおけるそのドイツの力を利用して、われわれのほうでは北方戦略つまりソビエトに対する戦略を有利に導こう。そしてこれにイタリアを加えることによって、アジア方面の戦略も非常に有利になる。要するに日本は、他人のふんどしで相撲を取ろうということなんです。とても日本一国ではソ連だけで手いっぱいで、そこに米英が加わってはたまったものではない、そこでドイツ、イタリアと同盟を組み、その力を借りて日本の戦略を有利に展開したい、そのためにはどうしてもこの同盟を結ぶ必要がある、というのが陸軍の主張だったのです。

ところが同盟の内容をみると、確かにソ連に対してははっきりしているのです。もしドイツとソ連が戦争をした場合、日本はすぐにでも参戦すると。しかしドイツがもしイギリスやアメリカと戦争になった場合はどうするか、その時は一般情勢を合わせ考えながら決める、というように、ソ連を含まない戦争への日本の態度は非常に曖昧で、武力援助もするかどうかもはっきりさせないまま、つまり肝心要のところを曖昧にしたまま同盟をなんとか結ぼうとしていたのです。ドイツはそんなことは許しません、軍事同盟ですから、こちらが戦えばそちらもすぐ参戦すべきだ、相手がアメリカだろうがイギリスだろうが関係ないといいます。日本は、ソ連はともかく、できればアングロサクソンとは戦いたくないのでどうかしてごまかしたいと、もたもた返事を延ばし、外交的にドイツの不信を買うわけです。

一方、国内では早く結べと大騒ぎになり、また海軍の中にも親独派、対英米強硬派がたくさんいました。前に話しましたように、海軍はロンドン軍縮会議での統帥権干犯騒動を境にいわゆる艦隊派と称せられる対米英強硬派が天下を取り、どちらかというとアングロサクソンと協調しようという人たちは追い出されてしまい、残ったのはいかにも少数派でした。従って海軍内部でもかなり、三国同盟推進の勢いも強かったのです。

これに頑として立ちふさがったのが、米内・山本・井上トリオです。この三人のことを作家の阿川弘之さんが三部作[*1]に書き、うんと褒め上げたため、海軍はまことに良識的かつ開明的で、戦争をなんとか食い止めようと苦心したのに陸軍のバカさゆえ戦争に突入したという、陸軍悪玉・海軍善玉説が戦後流行りました。が、実は海軍内部はそんなものではない。

軍令部総長伏見宮様を頭に戴くところのいわゆる反英米派である艦隊派が海軍中央にいました。軍務局第一課長岡敬純大佐を筆頭に、作戦課神重徳中佐、柴勝雄中佐——これらの名前は後でまた出てきます——それから軍令部第一部（作戦部）直属部員横井忠雄大佐、駐独武官小島秀雄大佐らは、防共協定などではなく三国同盟への拡大強化論をぶつのです。

それでも米内・山本・井上トリオは、外部に対してだけでなく、内側に対しても頑強でした。断固として三国同盟には反対で、下剋上をおさえつつ、いわゆる海軍本来である対米英協調の方針を貫きました。

山本次官は強硬派の面々に対してきちんとした文書で疑問を呈し、回答を求めています。

「一、独伊との関係の強化は、対中国問題処理の上、かえって対英米交渉に不利にならずや」

つまり中国との戦争をなんとか和平の方向にもっていこうと努力している時にドイツやイタリアと同盟を結べば、なおさら和平工作が不可能になるのではないか。

「二、日独伊ブロックに対し、米英仏が経済的圧迫をなした時の対抗策ありや」

日本がドイツやイタリアと同盟を結べば、必然的にアメリカ、イギリス、フランスが日本に対して経済的な圧迫を加えてくるに違いない、その時、日本に対抗策はあるのか。

「三、日ソ戦の場合、独より実質的援助は期待せられざるべく、かく実質なきものは結局無意味にあらざるや」

ソ連と戦争になった場合、ドイツからの実質的な援助が期待できるのか、嫌だと言う可能性は多い、こんな実質のない条約は無意味ではないか。

「四、本条約を締結するとせば、独伊に中国の権益を与えざるべからざるに至るなきや」

同盟を結べば、ドイツ、イタリアは中国に対する権益の一部をよこしてくれると言ってくるに違いない。同盟ですから当然ですね、その時には大丈夫なのか。

考えれば、このトリオの反対のなされている時が、昭和史のまだ常識的というか賢明というか、かろうじて正常を保っている時であって、これ以後、狂いはじめてゆくのです。

◆遺書をしたためた山本五十六

それにしても、日本の海軍は、もともとイギリスに多くを学んできたのです。たとえば日露戦争は日英同盟が背景にあったから非常に有利に戦えました。また軍艦もすべてイギリスのものを買ったり技術を学んできました。それがなぜ関係がまずくなったのかは前に話したとおり、第一次世界大戦以後のいろいろな事情のためなのですが、その代わりにドイツが突然出てきたのはどういうわけか。

ドイツはイギリス、フランスなどと違って新興国家です。もちろんプロイセン時代がありますから古い国家ではありますが、ナチス・ドイツは言うまでもなく、ドイツが統一されたのが非常に新しいのです。日本の憲法そのものはプロイセン憲法を受け入れています。また医学ではベルツをはじめとするドイツ医学に多くを学び、軍事学でも陸軍のメッケル少佐の恩恵を蒙っていましたし、他にも哲学、文学、教育はフィヒテ、ケーベル、ブッセといった人たちの影響を受けてきました。昭和に入ってからもその傾向は大きくなり、ヘーゲル、ショーペンハウアー、アインシュタイン、コッホなどがその例です。また日本の医学者、軍人、思想家、音楽家、法律家などはほとんどドイツに留学して学び、そのレベルを上げていきました。このように親独感情は根強くかつ根深くあったのです。

さらに言えば、ナチス・ドイツです。ヒトラー総統によってドイツが軍事化され、第一次世界大戦でこてんぱんにやられたドイツが、その屈辱をはねのけて、堂々たる国になったどころか、ヨーロッパの新秩序をつくろうという、いわばヨーロッパの盟主になろうとしている。昭和十年前後にベルリンを訪れた日本の陸海軍の軍人や外交官らは、その大いなる成果、ドイツの二段飛び三段飛びの発展ぶりに目を見張ったのです。

さらに付け加えれば、どうもドイツ人は日本人と性質がよく似ているのですね。堅実で勤勉、几帳面、組織愛に満ち、頑固で無愛想――あまり外交的ではないということですが――形式を重んじ……とマイナス面も含めて似ています。しかもともに単一的民族国家（ドイツはゲルマン民族）ですから、団体行動が得意、規律を重んじ、遵法精神に富み、愛国心が強い。そしてともに教育水準が高く、頭が良くて競争心が強く、働くことに生きがいを感じている……というように日本人がドイツ人に親近感をもったとすれば、それに比べてイギリス人のそっけなさや冷たさ、フランス人の外交的な軽佻浮薄さインチキさ、アメリカ人の「われこそ世界の警察官である」というような傲慢さ横柄さは日本人には合わないというので、反英米感情と裏腹に親独傾向がどんどん強くなっていきました。すると三国同盟は、実はいいことじゃないかと

米内光政海相（左・1880 - 1948）と
山本五十六海軍次官（1884 - 1943）

いう空気が一般的になってきたのです。

しかし、同盟推進派の人たちがいくら脅迫状を送っても、海軍のトリオは一歩も引きません。茫洋としていてあまり正面に出てこない米内さんと違って、新聞などにも好きなことをずけずけ言う山本五十六はとくにテロリストの標的にもなり、海軍全体に対しても揺さぶりがどんどんかかります。ところが不思議なことに、あまりに揺さぶりがかかってくると、海軍の親独派の中堅クラスも、自分らの大将が殺されてはたいへんとばかりに、少しずつ現状では同盟反対の気運になってきました。

他方、ひどくなる外部からの脅迫に、山本五十六が五月三十一日付で書いた遺書「述志」は有名です。密かにしたため、机の中にしまっていたといいます。いつ死んでもいいと、そのかわり一歩も引かないという決意を述べたものです。

「一死君国に報ずるは素より武人の本懐のみ。あに戦場と銃後とを問はむや。
勇戦奮闘戦場の華と散らんは易すし。
誰か至誠一貫俗論を排し斃れて已むの難きを知らむ。

高遠なる哉君恩、悠久なるかな皇国。
思はざる可からず君国百年の計。
一身の栄辱生死、あに論ずる閑あらんや。
語に曰く。
丹可磨而不可奪其色、蘭可燔而不可滅其香と。
(丹磨くべしその色奪ふべからず、蘭やくべしその香滅すべからずと)
此身滅す可し、此志奪ふ可からず」

戦場で死ぬのも内地で銃後で死ぬのも同じだ、むしろ戦場で弾に当たって死ぬほうが易しい。自分の思いを貫き、いかなる俗論にも負けずに「斃れてのちやむ」ほうがよほど難しい。この身は滅んでもいい、しかしこの志は奪うことはできないのである、と。

このくらい山本五十六は覚悟し、米内光政、井上成美も頑として動かないので、ついに陸軍は「三人を追い落としてしまえ」と、なんと脅迫的に海軍省前で部隊演習をすれば、海軍も「向こうがその気なら」とばかりに省内に兵器、弾薬、食糧をはじめ、停電に備えて自家発電装置まで整え、持久戦をも辞さぬと井戸まで掘ったとか。「いいか、水と電気を切られると、省内籠城の三千人が水洗便所を使えなくなるぞ」などと言いながら三千人が省内にたてこもり、陸軍と一騎討ちの準備まで完成させたそうです。井上成美が戦後、『思い出の記』で回想しています。

「昭和十二、三、四年にまたがる私の軍務局長時代の三年間は、その精力と時間の大半を三国同盟問題に、しかも積極性のある努力でなしに、ただ陸軍の全軍一致の強力な主張と、これに共鳴する海軍若手の攻撃に対する防御だけに費やされた感あり」

以上は昭和十四年のことで、満洲ではノモンハン事件の真っ最中です。この懸命な頑張りが続かなくなるのは、ヨーロッパで第二次世界大戦が起こってしまうからなのですが、その前にもう一つ、当時の日本がいかにアンチ・イギリス——その後ろにいるアメリカをも含みますが——になってきたかを物語る事件が起こります。

◆強硬となりはじめたアメリカ

東京では五相会議が毎日続いている頃です。まだノモンハン事件は起きていませんが、四月九日、中国で「天津事件」というのが起きました。イギリス租界内で、日本側に立って便宜をはかってくれていた関税委員が四人の中国人に殺されたのです。日本は裁判にかけるため、イギリス側へ逃げた容疑者を引き渡してくれと申し出たのですが、イギリス領事館はこれを突っぱねたので、揉め事になりました。

天津に駐在している陸軍部隊第27師団長の本間雅晴中将——後に太平洋戦争のフィリピン攻略戦におけるバターン死の行軍をやったため銃殺刑になったのですが、陸軍には珍しい文化的将軍といわれた人です——はイギリスに対してそう強硬ではなく、なんとか話し合いをつけようと努力したのですが、イギリスが納得せず交渉が進まない。その第27師団の上にあるのが北支那方面軍で、参謀長が山下奉文中将――二・二六事件でも名前が出ましたが、後に太平洋戦争のマレー半島シンガポール攻略戦で指揮をとった人です――そして参謀副長は武藤章少将、この人はものすごく頭のいい政治的軍人で陸軍きっての口八丁手八丁といってもいい逸材でした。この二人が俄然、本間さんの手ぬるい外交交渉には任せておけない、と乗り出してきたので喧嘩腰の話し合いとなりました。

ついに日本は「六月四日昼までに容疑者を引き渡せ」と最後通牒を発し、これをイギリスが拒否したため六月十四日、本間師団長は北支那方面軍の命令により「もはやこれまで」と覚悟を決め、英仏租界を隔離してしまいました。どういうことかといいますと、境界に陸軍部隊が立ち、電流を通した鉄条網を張り、いちいち身体検査など検問を行ない、男女とも出入りする人を時には民衆の面前で素っ裸にして調べ上げるという強硬なものでした。ただし、まだ喧嘩したくないアメリカ人にだけはできるだけ手を触れないようにとの指示はあったようですが。

北支那方面軍司令部は声明を出しました。

「矢はすでに弦を放たれた。もはや容疑者の引き渡しで終わるものではない。この問題を通じ、帝国陸軍はイギリスの援蔣政策（蔣介石の軍隊が依然として抵抗を続けるのはイギリスが弾薬などの兵器も含めて援護物資を送っているからだということ）を再検討することを呼びかけている。イギリス租界官憲が『日本とともに東亜新秩序建設に協力する』との新政策を高くかかげるまで、われわれは武器を捨てることはないであろう」

もう喧嘩腰です。これが日本の新聞に大きく書かれますと、反英の空気が高まっている時ですから、国民は「泥沼の日中戦争の後ろにはイギリスがいるのだ」（実はアメリカもいるのですが）、まことにけしからん、この際イギリスの援蔣政策を放棄させてアジアから追い出せという強硬論を吐き、国内が蜂の巣をつついたように沸くのです。一方では親独感情から、日独伊三国同盟を早く結べというシュプレヒコールが乱れ飛びました。

昭和天皇はこの事態を非常に憂慮し、七月六日、平沼首相を呼んで、

「反英運動はなんとか取り締まることはできないのだろうか」

と言いましたが、平沼は「とても困難です」と答えるので、重ねて天皇が、

「排英論に対する反対の議論を広く国民に聞かせることはできないか」

と、一方的な排英反英の論ばかりでなく、国民に少しはそうでない論も聞かせてやったほうがいいのではないかと言いますと、平沼は、

「それは内務大臣の木戸幸一に相談してみましょう」

ととりあえず答えました。ところが、平沼が木戸にそう言いますと、木戸は「とんでもない、親英派などは早く第一線から追い払えばいいのだ」と言う始末。英国と日本がいかにあるべきかなどという論など不要、中途半端に排英反英運動を抑えたりするからかえって悪く爆発する

のだ、ここは徹底的にゆるめて、やるだけやらせてからいつか徹底的に弾圧しましょうと言ったというのです。

この木戸の無責任な言葉の裏には、へたに抑えればまた二・二六事件のような陸軍クーデタが起こる、という幻影があったと思います。また、この排英反英運動の裏にはどこかから金が出ているようだ、それは陸軍からではないか、という噂も飛び交います。これを聞いた山本五十六は「そういう事実があるなら陸軍をとっちめてやらねば」と。それがまた新聞に出ると物議を醸すといったようなことで、七月を迎えノモンハンでは日本軍がソ連軍の猛反撃を受けてガタガタと崩れはじめた頃、国内もただならぬ事態になっていたのです。

しかも要人暗殺容疑の逮捕者が次から次へと出ていました。元陸軍大将宇垣一成の七月七日の日記には、

「今日、四谷―新橋行き沿道の立看板（排英側）が影を没せり。政府の注文どおりに英が乗りくるか、煽られた右傾団が納得するか」

それまでイギリスに対して「アジアから出て行け」とかいった看板が立ち並んでいたのが突然消えたというんですね。それが十一日になりますと、

「今日、四谷―新橋間の四辻などには排英看板林立の状なり。行過ぎねば宜しいが！」

というように政府のある筋の影響のもと、活殺自在に看板が出たり入ったりしつつ、国民を煽っていたのは明らかなわけです。

じゃあ新聞はどうか。七月十五日に共同声明を発します。報知新聞、東京日日新聞（現在の毎日新聞）、東京朝日新聞、同盟通信社、中外商業新報社、大阪毎日新聞社、大阪朝日新聞社、読売新聞社、国民新聞社、都新聞社といいますから、大新聞はほとんど全部です。これが、

「英国は支那事変勃発以来、帝国の公正なる意図を曲解して援蔣の策動を敢えてし、今に到るも改めず、為に幾多不祥事件の発生をみるに至れるは、我等の深く遺憾とするところなり。我等は聖戦目的完遂の途に加えらるる一切の妨害に対して断乎これを排撃する固き信念を有するものにして、今次東京会談の開催せらるるに当たり、イギリスが東京における認識を是正し、新事態を正視して虚心坦懐、現実に即したる新秩序建設に協力もって世界平和に寄与せんことを望む。右宣言す」

要するにイギリスよ、日本の言うことを聞け、という宣言です。

これでイギリスもどうしようもなくなり、七月十七日、東京で有田八郎外務大臣とクレーギー駐日英大使が会談します。結果的にはイギリスは日本側の言い分をすべてのみ、後退に後退をして協定を結びました。日本はこれでさあ主張が通ったと大喜びした、その途端です。七月二十七日、イギリスの譲歩を大喜びしている日本に対し、アメリカが日米通商航海条約廃棄を通告してきたのです。これはまさに、イギリスの譲歩の代わりの強硬政策なんです。アメリカのコーデル・ハル国務長官が次のような声明を発します。

「日本が中国におけるアメリカの権益に対し、勝手なことをしているのに、なぜアメリカは通

商条約を維持しなければならないのか。日本のスポークスマンが『東亜の新秩序』とか、『西太平洋の支配権』とか、『イギリスは日本に降参した』とか、日本は『徹底的外交の勝利』を得たとか叫んでいる。今こそ、アメリカがアジア問題に対する態度を再声明する機会が到来した。わが行動は、中国、イギリスその他を激励し、日本、ドイツ、イタリアを失望させるであろう」

つまりアメリカは日本に対してこれから敵対行為をとることを表明したわけです。実際の条約廃棄はそれから半年後の昭和十五年一月なのですが、アメリカはこの通告以降、日本の威嚇などものともせず、けしからんことは断乎として認めないと完全に強硬路線をあらわにします。つまり、それまでイギリスだけが相手だったところにアメリカが敢えて割って入ってきたのです。これは、なんとかごまかしてきた対アメリカ政策の破綻であるわけです。事実この後、日米交渉がこの問題をめぐってはじまるのですが、今までそれほど強硬なことは言わなかったアメリカがはっきりと敵対意識をとるようになりました。

以上のようなことが、ノモンハン事件の最中の日本の国内および外交でした。まさに歴史は昭和十四年の夏――私は『ノモンハンの夏』[*2]という本を書きましたが――に大きく転換しました。反英の気運と親独の動きを背景に、私たちの生活もまた転換していったのです。

◆パーマネントはやめましょう

その前に、この昭和十四年がその後もいろいろな意味で影響を残しているという話に触れておきます。

直前の昭和十三年十二月十七日、ドイツの物理学者オットー・ハーン博士が、実験により、ウラニウム２３５をウラニウム原石から分離し、そこから中性子が飛び出して、それがさらにウラニウム２３５を破壊する、するとまた中性子が出てきて……という分裂一つひとつにつき想像を絶する二億電子ボルトのエネルギーが放出される、つまり中性子によるウランの核分裂に成功したと発表しました。原子力というものが人類の前に登場したのです。これを受けてアインシュタイン博士は、ルーズベルト米大統領に、もしこのウラニウム２３５の核分裂が兵器に用いられたとしたら、ほんのマッチ箱一つくらいの爆弾で戦艦を一隻撃沈できる、アメリカも直ちにこの問題を深刻に受けとめ、研究する必要があると手紙を書きました。これが昭和十四年八月二日のことでした。アインシュタイン博士は、これをドイツが開発して原子爆弾の製造に成功すれば、人類はただならぬ状態に置かれるという危機感から手紙を書いたのですが、ルーズベルト大統領はすぐには反応しなかったものの、やがてこれが原子爆弾製造への道を切り開きました。

一方、日本では昭和十四年三月十七日、ゼロ戦――正式には零式艦上戦闘機といって、航空母艦から発進できるもので、あまり重くてはいけませんし、といって武器が不十分でも困りますから、直径二〇ミリの機関銃を積んで撃ち出せる戦闘機というので開発にずいぶん苦労したのですが――が誕生しています。これが正式に戦闘機として採用されるのは翌昭和十五年です。今はまったく使いませんが、かつて日本は年号として紀元というのを神武天皇即位を元年として使っていまして、ちょうど昭和十五年が紀元二六〇〇年に当たるので、その最後の「〇」をとって「零戦」というのです。その前の飛行機はたとえば紀元二五九九年にできたものであれば「九九艦爆（九九式艦上爆撃機）」とか、紀元二五九七年であれば「九七艦攻（九七式艦上攻撃機）」と呼んだのです。

つまり、片や原子爆弾、片や零式戦闘機というわけです。

またこの年、十六歳から十九歳の青少年を満洲に送り、関東軍を側面から応援するという「満蒙開拓青少年義勇軍」の計画が四月二十九日に発表されます。

さらに五月二十二日、「青少年学徒に賜りたる勅語」が発せられ、「汝ら学徒の双肩にあり」、国の運命はおまえたち学徒の双肩にかかっている、学徒よしっかりしろ、と鼓舞したのです。だいたい青少年がおだてられる時代はよくないのですが、この辺からそれがはじまり、戦時体制への道を突き進むことになるのです。

そして十二月二十六日、日本政府は、合併以来、日本人として暮らす朝鮮人に「創氏改名」といって日本名に変えさせるという「朝鮮戸籍令改正」を押し付けました。儒教を信じる朝

国民精神総動員で節約が奨励され、本当に必要なもの以外は買わないように、東京市はサンドイッチマンを雇って人びとに訴えた

鮮人にとって、自分たちの名前は祖先を重んじる非常に大切なものです。それを捨てて日本名にしろというのですから、朝鮮の文化そのものを真っ向から破壊するとんでもない政策でした。

このように昭和十四年から、日本全体がものすごい勢いで皇国的になっていきます。そして私たちの日常生活の上では、近衛首相が唱えた「国民精神総動員」がますます強化され、戦時体制が具体的になってゆきます。

三月二十八日、国民精神総動員委員会というのが、あの手八丁口八丁の荒木貞夫を委員長に設置されました。六月十六日には、これまでのだらしない生活を徹底的に改めなくてはいけない、との方針を「生活刷新案」として具体化します。ネオン全廃、お中元やお歳暮などの贈答はぜいたくゆえ廃止、男の長髪禁止、みんな坊主頭になれ、ついでにパーマネントも禁止。

この時、私は九つでした。悪ガキどもが集まって、パーマネントの若い娘さんや奥さんが通ると「パーマネントに火がついてみるみるうちにはげ頭、はげた頭に毛が三本、ああ恥ずかしや恥ずかしや、パーマネントはやめましょう」と歌ってはぐるぐると囃し立てて回り、立ち往生させたものです。

それまでも戦時体制ではあるのですが、それがいっそう強まってぜいたくは禁じられるし、みんながくりくり坊主になったりと、生活そのものがたいそう軍隊的になってきました。

永井荷風の六月二十一日の日記です。

「このごろ噂によれば軍部政府は婦女のちぢらし髪を禁じ男子学生の頭髪を五分刈のいが栗にせしむる法令を発したりという。林（銑十郎）荒木（貞夫）等の怪し気なる髯の始末はいかにするかと笑うものもありという」

さも他人が言ったように書いていますが、荷風さん自身の嫌味なんですね。

さらに、いざとなった際に徴発するため、七月一日に国民の持っている金の調査がはじまります。また荷風の日記です。

「六月二十八日。陰（くもり）。……この日、浅草辺にて人の噂をきくに、純金強制買い上げのため掛りの役人二三日前より戸別調査に取りかかりし由。入谷町辺も同様なりという。一寸八分純金の（浅草）観音様は如何するにや、名古屋城の金の鯱も如何と言うものもありとぞ」

例によって嫌味たらしく書いていますが、その調査が荷風にもおよんできて、六月三十日、

「この日午前市兵衛町々会の男来り金品申告書を置きて去る」

しょうがないので自分の回りを探しますと、煙管一本と煙管の筒がありました、これを申告して供出し、戦争遂行のたしにする気などさらさらない荷風は、

「浅草への道すがら之を携え行き吾妻橋の上より水中に投棄せしに、そのまま沈まず引汐にうかびて流れ行きぬ」

自分の家の庭に埋めればいいものを、わざわざ吾妻橋まで行って隅田川に捨てたというんですね。ところが家に帰ったら、煙管の筒に「行春の茶屋に忘れしきせるかな　荷風」と句が彫ってあったと気づき、もしや川船なんかに拾われでもしたら非国民的所業がばれてしまうじゃないかと震え上がったなんて話も書かれています。時代はそのように急迫を告げだしたということです。軍靴の音がより高くなったということです。

◆スターリンの悪魔的決断

このように日本が外交的には三国同盟や天津事件でごたごたし、国民生活にも不自由な空気が漂ってきたという状態の時、ソ連の後に首相となるスターリンの出番がきました。

アイザック・ドイッチャーというソ連研究者の本によると、

「スターリンが遂にもはや〝眉をひそめ、すねる〟まいと決めた時間は、きわめて正確に言

い当てることができる。――それは八月十九日午後三時十五分ごろであった」

ノモンハンではまだ大激戦が続き、かなり追い詰められた日本軍が、塹壕を掘り冬に備えての防御対策に苦心している時、スターリンはさらに強力部隊を再編成し、日本軍総攻撃の命令を発します。スターリンはその上でさらに、今がチャンスとばかり、ヒトラーのドイツと協定を結ぶという大決断をするのです。すなわち八月十九日午後三時十五分。

前年、ヒトラーはチェコスロバキアに強引に進攻してきていました。この政策を、ミュンヘン会談でイギリスのチェンバレン首相が認めたのは平和維持のための譲歩であったのですが、それに味をしめたヒトラーは「次はポーランドだ」と狙いをつけていました。ところが非常な危険を感じていたポーランドは、すでにイギリス、フランスと同盟を結び、もし攻められることがあればドイツに宣戦布告をする約束を両国に取り付けていました。ヒトラーは、ポーランドを得たければ英仏との戦争を覚悟しなければなりません。そのときにソ連がどう出てくるか、もし英仏にくっつけば東西両面で戦うことになりますから、できればスターリンを自分の仲間に巻き込んで同盟を結び、東からソ連が攻めてくることのないように安心を得たうえでポーランドに攻めかかり、英仏との戦争に備えたかったのです。それで盛んにスターリンに甘い誘いの手紙を送っていました。しかし、なかなか色よい返事がソ連からはきませんでした。

ところがです。歴史は大きく動き出しました。八月二十一日午後六時、スターリンが突如、ヒトラー宛ての返事を書いたのです。

「ドイツ総統アドルフ・ヒトラー閣下
閣下の書簡に感謝いたします。私は独ソ不可侵条約が、われわれ両国間の政治関係の改善に、決定的な転機を画してくれるよう望んでおります。
私はここに、リッベントロップ氏（ドイツの外務大臣）が八月二十三日にモスクワへ御来訪くださることにたいして、ソビエト政府が同意する旨を、ソビエト政府より委任された権限によって、閣下に通知いたします。
ヨゼフ・スターリン」

つまり独ソ不可侵条約を結ぶために、ドイツの外務大臣がモスクワに来て調印することを承諾しましたという内容です。スターリンはまさにヒトラーの誘いに乗ったのですが、「代わりに俺にも分け前をくれよ」とポーランドを二分する条件つきです。ただそれはとうにヒトラーも承知していましたから、この手紙を受け取った時にはこう叫んだといいます。

「しめた！　ついに全世界が俺のポケットに入った！」

ポーランドにとってはひどい話ですが、ひどいといえば日本にとってもそうです。これまで見てきましたように、対ソ連の有利な戦略を練るためにドイツと軍事同盟を結ぼうかと盛んに議論している最中に、ヒトラーとスターリンが手を結んだとなると、日本は何のために七十数回も五相会議をやっているんだかわからなくなります。世界の裏側で首脳たちが何を考え、どんなやりとりをし、何が起こりつつあるかをまったく知らないまま、日本は一所懸命議論をしていたわけです。アホーもいいところです。

二十一日夜、駐独日本大使の大島浩が呼ばれ、リッベントロップ外相に言われます。

「実は、ソ連が英仏に接近する可能性があったゆえ、ドイツとしてはこうする以外に道がなかったんだよ。それに、三国同盟の早期締結というわれわれの求めに、日本は半年も沈黙したままではなかったか。そうだろう、だからドイツはやむを得ずほかの道を探らねばならなくなったのだ」

大島はア然として声も出ず、夢の中で聞いているような気分だったと後に語っています。

「ドイツの今度の行動は日独防共協定違反である、厳重に抗議したい」

と言うのが精一杯でした。ドイツの国営放送はこの日の午後十一時過ぎ、音楽番組を中断して全世界に独ソ不可侵条約締結を放送しました。東京時間の二十二日午前七時に当たります。朝っぱらからこれを聞かされた日本の指導者は腰を抜かしたでしょうが、もっとも驚いたのは三国同盟を必死で推進していた参謀本部作戦課だったのではないでしょうか。再び宇垣一成の日記を見ますと、

「独ソ不可侵条約締結の報は、何だか霞が関（外務省）や三宅坂（参謀本部）には青天の霹靂であったように見える。驚天し狼狽し憤慨し怨恨するなどとりどりの形相が現われているが、余は何にも驚くに値せぬ、来るべきものが当然に到来したのであると考えている。有頂天になりてフワフワしている連中には、心ここに在らざるをもって見れども見えず、聞けども聞こえなかったらしい」

たしかにドイツとソ連の接近が、見える人には見えていたのでしょう。ドイツの軍隊がポーランド国境に向かってどんどん集結しているという情報は新聞に出ていましたから、いずれポーランドに進攻するのは予想できる話です。そうなれば、フランスとイギリスは宣戦布告をします。その時、ソ連がどう出るかは大問題ですから、しっかり見据えていれば今回の事態は予想しえたかもしれません。しかし、日本はまったくそれができず、ただびっくりしていたというわけです。

高木惣吉という、非常に良識的で、米内光政が最も信頼する部下でもある海軍大佐は次のように書いています。

「政府も陸海軍もそれぞれに違った意味で開いた口が塞がらない格好である。平沼内閣の立場は全くゼロということになった。しかし考えると、……英国も日英同盟を米国に売ったし、ドイツが防共協定をソ連に売ったからといって、さまで驚くにあたらないであろう。ソ連でもまた独ソ不可侵条約をいつ英米に売らないとは保証できない。今日の国際信義は要するに国家的利害の従属にすぎないと見なければならぬ」

これが冷静な見方だと思います。条約なんていうのは、いつだって、まずくなれば売り渡してしまうものであって、これは現代もそう変わらないんですね。国際信義など下手すれば国家的利害のためだけにあるのかもしれません。

それにしても、政府や軍部の「見れども見えず」は情けないかぎりです。が、こうやって昭和史を見ていくと、万事に情けなくなるばかりなんですね。どうも昭和の日本人は、とくに、十年代の日本人は、世界そして日本の動きがシカと見えていなかったのじゃないか。そう思わざるをえない。つまり時代の渦中にいる人間というものは、まったく時代の実像を理解できないのではないか、という嘆きでもあるのです。とくに一市民としては、疾風怒濤の時代にあっては、現実に適応して一所懸命に生きていくだけで、国家が戦争へ戦争へと坂道を転げ落ちているなんて、ほとんどの人は思ってもいなかった。

　これは何もあの時代にかぎらないのかもしれません。今だってそうなんじゃないか。なるほど、新聞やテレビや雑誌など、豊富すぎる情報で、われわれは日本の現在をきちんと把握している、国家が今や猛烈な力とスピードによって変わろうとしていることをリアルタイムで実感している、とそう思っている。でも、それはそうと思い込んでいるだけで、実は何もわかっていない、何も見えていないのではないですか。時代の裏側には、何かもっと恐ろしげな大きなものが動いている、が、今は「見れども見えず」で、あと数十年もしたら、それがはっきりする。歴史とはそういう不気味さを秘めていると、私には考えられてならないんです。ですから、歴史を学んで歴史を見る眼を磨け、というわけなんですな。いや、これは駄弁に過ぎたようであります。

◆「いまより一兵士として戦う」

さて、平沼内閣は総辞職するしかなくなります。「欧州の天地は複雑怪奇なる新情勢を生じましたので」という〝名文句〟を残して――複雑怪奇もないもんで、要するに見れども見えず、あまりにも自分たちだけの世界で生き、ほんとうの世界が見えてなかったツケだと思いますが――八月二十八日に退陣し、陸軍大将阿部信行が後継となります。

天皇は厳しい注文を出しました。

「一、英米に対しては協調しなくてはならない」

天皇が最後までイギリスとアメリカとの協調を主張していたことがわかります。

「一、陸軍大臣は自分が指名する。三長官（陸軍大臣を部内で決める陸軍大臣、参謀総長、教育総監のこと）の決定がどうあろうとも梅津（美治郎）か畑（俊六）のうちどちらかを選任せよ」

これもすごいことで、ここまで天皇が人事に介入するのは憲法違反（機関説違反?）です。あくまで政府の輔弼に対して判断を下すのが役目であって、こちらから判断を押し付けるのは違反にも関わらず、天皇が厳然としてこう言ったのは、陸軍を叱りつけたんだと思います。三国同盟問題をめぐる陸軍の強引さ横暴さに許せないものを感じていたのではないでしょうか。ちなみにこの時、クビになった陸軍大臣は、あの満洲事変の板垣征四郎でした。さらに、

「一、内務、司法（大臣）は治安の関係があるから選任にとくに注意せよ」

国内に何事が起こるかわからない、ということですね。たしかに同盟締結でいきりたっていた人びとは、上げた拳の下ろしようがない。どこに八つ当たりするかわからない状況でした。

八月三十日に阿部内閣が成立し、翌三十一日に新旧大臣が交代します。陸軍大臣には天皇の言う通り畑俊六が選ばれ、海軍大臣は、米内光政が降り、山本五十六という声もあったのですが、「山本を海軍大臣にすれば命が危い事態も考えられる。連合艦隊司令長官として海に出そう」という米内の言葉により、吉田善吾中将が海軍大臣となります。「誰がなっても海軍は変わらんよ」と山本は新聞記者に話したといいますが――。

その山本五十六は八月三十一日午後一時、特急かもめ号で東京を出発しました。ベルリン時間では三十一日午前五時です。列車が大阪に近づきつつある頃、ヒトラー総統は第一号命令書にサインしました。

「ドイツ東部国境における耐えがたい状況を、平和裡に解決するいっさいの政治的可能性がなくなったので、私は力による解決を決意した。ポーランド進撃は決められた計画に従って行なわれる。……攻撃開始日一九三九年九月一日、攻撃開始時間四時四十五分

……」

これに基づき、九月一日未明、フォン・ボック、フォン・ルントシュテット両元帥指揮の百五十万のドイツ軍部隊が一斉にポーランド国境を越えて進撃を開始しました。第二次世界大戦

がこの瞬間にはじまったのです。午前十時前、ヒトラーは国会で演説し、ラジオで全世界に流れました。

「ポーランドは昨夜わが国土を正規軍でもって攻撃してきた。今朝五時四十五分からわれわれは反撃している。爆弾に対しては爆弾をもって報いるまでである」

なんとポーランドから攻撃してきた、と獅子吼して「いまよりドイツの一兵士として戦うことのほか何も望んではいない」を二度繰り返し、

「それゆえ私は、もっとも神聖で貴重なものである兵士の制服を身にまとった。私は勝利の日までそれを脱がないであろう」

そばにいた空軍司令官ゲーリングが宣誓演説を行ないます。

「総統は命じたり。われはただ服従、そして忠誠あるのみである」

こうして第二次世界大戦がはじまり、以下これがどうなるのか、永井荷風日記を読むことで次回につなげようと思います。

「九月初二（二日）。……この日新聞紙独波（ポーランド）両国開戦の記事を掲ぐ。ショーパン（ショパン）とシェンキイッツ（作家）の祖国に勝利の光栄あれかし」

ポーランドよ、勝ってくれというのですね。

「十月十八日。……夕刊の新聞紙英仏連合軍戦い利あらざる由を報ず。憂愁禁ずべからず」

「十一月十日。……独軍和蘭陀国境を侵す」

ドイツの猛進撃が続いてポーランドはあっという間に降伏し、今度は北部戦線でオランダ領に進撃しました。

こうして第二次世界大戦の勃発で、それまでのあらゆることがぶっ飛んだのです。日本は三国同盟も天津事件問題もふっ飛び、残ったのはアメリカからの日米通商航海条約廃棄の通告だけでした。こうして昭和十五年、紀元二六〇〇年を迎えるわけです。これからは話も少々、世界的になってゆくかと思います。

＊1――阿川弘之さんの三部作『山本五十六』一九六五年、『米内光政』（上・下）一九七八年、『井上成美』一九八六年、いずれも新潮社。

＊2――『ノモンハンの夏』一九九八年、文藝春秋（現在、文春文庫）。

半藤先生の「昭和史」で学ぶ非戦と平和

戦争の時代
1926~1945
上

解説

文 山本明子
（「昭和史」シリーズ編集者）

今、昭和史を学ぶということ

全八巻となるこのシリーズは、半藤一利さんの『昭和史 1926-1945』『B面昭和史』『世界史のなかの昭和史』のいわゆる〝昭和史三部作〟に、『昭和史 戦後篇 1945-1989』を合わせた四冊を、それぞれ二分冊にして全八巻としたものです。若い人たちが昭和の歴史を学ぶための副読本として活用できるよう、より読みやすく活字を大きくしてふりがなを増やし、それにともなって判型も拡大されています。

もともと、授業形式で著者が語り下ろした『昭和史 1926-1945』が二〇〇四年に、続篇『同 戦後篇 1945-1989』が二年後に刊行されました。やや間をおいて、こんどは著者が筆をとり、庶民篇ともいえる『B面昭和史 1926-1945』が二〇一六年に、世界史篇として『世界史のなかの昭和史』が二〇一八年に、雑誌の連載をまとめて刊行されました。足かけ十五年間を費やした四冊は、著者の長年にわたる昭和史研究の集大成ともいえます。

二〇〇六年十一月、『昭和史』『同 戦後篇』は毎日出版文化賞特別賞を受賞しました。そのとき選考委員であった辻井喬さんは、講評でこう述べています。

「筋の展開の上手な作家をストーリーテラーと呼ぶ言葉があるが、半藤一利の戦後篇を含む

『昭和史』2冊は見事なヒストリーテラーの著作である」「書かれていることは正確だが、（中略）叙述の目線は一般の人の目線で平易に語られていて読みやすく、その意味ではジャーナルな感覚にも溢れている」

クラシック音楽や落語なども、楽譜や内容は同じでも演奏する人や噺家によってずいぶん違ったものになります。同様に、歴史も語り手によって違った表情を見せるのです。辻井さんが「ヒストリーテラー」という語を用いて平易さとジャーナルな感覚に注目したように、本書は刊行されるや、堅苦しくも難しくもない、読みやすい歴史書として多くの読者に受け入れられました。

ところで、なぜ今、「昭和史」を学ぶのか——。

いま私たちは、どんな時代を生きているでしょうか。渦中にいると見えないことが多くあります。昭和を生きた人たちもおそらく同じでした。時間がたって見えてくる膨大なことは、何を語り、何を教えてくれるのか。昭和とはいったいどんな時代だったのでしょうか。

「令和」に先立つ「平成」の三十年余りをはさんで、もう一つ前の「昭和」は、約百年前の一九二六年にはじまって八九年まで六十年以上続いた、いい意味でも悪い意味でも現在の日本をかたちづくった時代でした。なぜなら昭和前半の戦争でそれまでの日本は一度、滅んだといえるからです。明治のはじまりとともに西欧に学び、真似ながらも、懸命に新しい国づくりが行なわれ、なんとか近代国家のかたちができた日本。それを、一九四五年の敗戦にいたる昭和の前半ですっかりつぶしてしまいました。そしてゼロから再スタートし、その歩みが現代につながっているのです。つまり近現代史、なかでも「戦争の時代」であった昭和史前半、そして敗戦からの復興を遂げた昭和史後半を、とりわけ若い人たちが知り、学ぶことは、将来同じあやまちを繰り返さないために欠かせないことなのです。

ただし、出来事を年代順に習い、あるいは暗記するにとどまるなら、それは学んだことになりません。歴史をほんとうに学ぶとは、年号を覚えることとはまるで異なるからです。

また昭和史へのアプローチは一つではありません。政治や軍事の動きから主な出来事を中心に追っていく方法（『昭和史 1926-1945』『同 戦後篇 1945-1989』）、社会や国民の暮らしから歴史をたどっていく方法（『B面昭和史 1926-1945』）、世界史のなかで日本の動きや絡み合いをみていく方法（『世界史のなかの昭和史』）、ほかにもさまざまに考えられますが、近年、高校社会科で新たに「歴史総合」が導入されたのも、日本の動きを世界の動きと関連づけて理解する重要性に立ち返ったためでしょう。

学校の授業では、教科書に沿って、年代順に主な出来事を追っていく方法が主流と思われます。ただ、それでは個別の事象を知ることはできても、縦と横に関連づけて歴史の流れを理解するのは容易でなく、だいいちあまり面白くないかもしれません。

本シリーズは、昭和史研究に約六十年間うちこんだ作家・半藤一利さんが、一から語り、書き綴った昭和のあゆみです。半藤さんは学者ではありません。昭和五年（一九三〇）に東京で生まれ、戦中に育ち、東京大空襲では死と隣りあう体験をしました。敗戦後、出版社に勤め、戦争を指導した多くの人に直接話をききました。その過程で昭和史研究にのめりこみ、独自で調査を重ねるようになります。そして作家となり、「歴史探偵」を自称して、本書でもふれるノモンハン事件や真珠湾攻撃、終戦の日などを綿密に追った数々のノンフィクションを世に送りました。そんな半藤さんが七十歳を過ぎ、初めて「通して昭和史を語る」ことに挑んだのが本書です。

その試みがなされた二〇〇三年前後は、長く「同時代」だった昭和がようやく「歴史」の対象とみなされつつありました。とりわけ後半に関しては未公開史料も多く、明確な評価がいまだなされていなかった頃です。そのこともあってか、昭和全体を一人で語るという大仕事に半藤さんも最初は二の足をふみ、出版社からの依頼にも返事を引きのばしていました。しかし、過去に大学で講義した際、日本がアメリカと戦争をしたことを知らない学生が少なくなかったことに愕然とした経験も思い起こされました。また自身が抱き続けた「なぜ日本はあの愚かな戦争をしたのか」という問いに向き合うためにも、いま残さなければ忘れられてしまう祖国の戦争と復興の歴史を後世に伝えなくては、と奮起したのです。次代を担う世代が「昭和」を学ぶことなしに、未来の平和は望めない、という危惧が芽生えていたはずです。戦争が悲惨であることをいくら頭でわかっていても、世界で戦争はなくなりません。しかし、まずは知らなければはじまりません。昭和史は永遠の教訓となりうるのです。

というわけで、本シリーズは教科書のように専門家が分担して執筆したものでなく、最新の研究成果は必ずしも反映されていません。また著者がつちかってきた歴史観がつらぬかれており、独自の人物評が言葉のはしばしに込められています。教科書と異なる部分が強調されたり、逆に教科書に載っていることが割愛されることもあります。ただし、それは長所と表裏一体なのです。

以上を踏まえて、本書の特徴を挙げておきましょう。

1 語りであること——歴史を生きたものとして捉えられる。

全体に親しみやすい口調で、人物の言動が臨場感たっぷりに語られているため、血の通った人間が歴史をつくることが実感できるでしょう。読みながら歴史に参加している気分にもなり、自分事として捉えることにつながります。

2 通史であること——歴史の流れと全体像がつかめる。

一人の視点で語られたものを通読することは歴史入門として入りやすく、自分の史観をもつための訓練にもなります。「教科書と印象が違う」「なぜここにこだわるのか?」など、まっさらな頭で読み、生じた疑問を深めることは次につながります。著者が引用する小さな逸話が語ることに目を凝らし、耳を傾けることは歴史への洞察力を磨きます。
3　体験証言でもあること――当事者の思いに触れられる。
著者がかつて生き証人に直接会っている点は、机上の学問にない強みです。加えて著者自身も当事者のため、子ども時代の体験が時おり顔を出します。「自分は現代史の当事者」であることを自覚して読めば、著者の「四十年史観」でいう、二度めの「滅びの四十年」の終盤にあたる現代を、客観的に考え、将来をみすえる土台になるはずです。

本書について――近代日本のはじまりから太平洋戦争にいたる道

『戦争の時代』上巻は、近代日本のはじまりから太平洋戦争にいたる道のりが、政府や軍部の動きを中心に語られます。各章の内容と押さえたい点を紹介しておきますが、なにより読んで自身が感じたことをいちばん大切にして考えを深め、現代の視点から新たな歴史を見出してください。

はじめの章は、昭和にいたる背景、戦争の時代を迎える前提を知る、いわばウォーミングアップです。昭和史を知るうえで念頭においておきたい点が押さえられていますから、ここをしっかり読むことで本編の理解はぐっと深まります。

日本の近代は幕末の黒船来航後、開国へと国策の舵をきった時点でスタートし、そこから世界を意識した新しい国づくりがはじまったと著者は説きます。西洋にならって懸命に励んだ明治時代、どうやら強国の植民地にならずに国が成り立ち、中国との戦争（日清戦争）だけでなく、大国ロシアとの戦い（日露戦争）にも勝利し、日本は近代国家として世界に認められるまでになります。しかし、そこから太平洋戦争敗戦までの四十年間で、明治の人たちが必死でつくりあげた国家をものの見事に滅ぼしてしまうのです——ここで国の大きな節目は四十年毎にみられるという「四十年史観」説が唱えられています。

何がいけなかったのか。戦争に連勝した日本は慢心をおこしたのです。日露戦争に勝って得た満洲（中国東北部）が、国防の最前線となったばかりに、手前にある朝鮮も併合してしまいます。日本政府にとって、海の向こうの満洲の経営が大きな課題となりつつありました。中国では当然ながら日本への反発が強くなり、排日運動による団結の機運も高まります。同時にロシア革命のあと、新しいソビエトの国づくりもはじまりました。日本をとりまく国際情勢はどんどん脅威を増していったのです。そして迎えた昭和、さまざまな出来事はこの満洲に絡んで起こります。以上の背景が、激動の昭和の底辺にいつもあったのです。

第一章、いよいよ昭和に入ります。といっても輝かしいスタートではなく、〝陰謀〟と〝魔法の杖〟で開幕——と、何やらいやな予感がします。事実、そうでした。昭和三年、陸軍が満洲の大軍閥の張作霖を陰謀によって爆殺し、動乱の時代が幕を開けます。中国人の仕業とごまかしたものの、天皇は納得せず、怒って内閣総理大臣を辞めさせてしまいました。しかし混乱を招いたため、天皇は以後、内閣と軍部の決定に口出しをしないことを決心します。著者はいいます、「爆殺事件の意味は、事件そのものの大きさより、このあと天皇が内閣や軍部の決定にノーを言わない立場に甘んじた点にこそある」と。加えて、このとき「君側の奸」と呼ばれる重臣グループが天皇に入れ知恵をしていると、陸軍の恨みをかいました。これは後の二・二六事件などに大きな影響を及ぼします。事件は遠因の積み重ねによって引き起こされることが示唆されています。

さらに海軍です。第一次世界大戦の反省から開かれたロンドン軍縮会議で不利な条件をのまされることに断固反対していた軍令部は、やむを得ないと判断して調印した海軍省を「統帥権干犯である」と責めたてたのです。「統帥権」とは軍隊の指揮権で、天皇が有しています。それに違反して海軍省が天皇の権限をないがしろにした、との言いぐさです。降って湧いた概念上の武器というか、いわゆる〝魔法の杖〟がこのあと振り回されるようになります。以後、軍の問題はすべて統帥権に関するものとして、他者はいっさい口出しできなくなりました。いつの間にか、軍の横暴がまかり通るお膳立てが築かれていきました。

こうして陸軍が張作霖爆殺事件で「沈黙の天皇」をつくりあげ、海軍は統帥権干犯問題で頑なとなり、昭和が動く方向が決まった——著者が「このとき歴史が転換点を迎えた」と考える理由です。

第二章は、日本を亡国へと導く長い戦争のはじまり、昭和六年の「満洲事変」前後が詳細に語られます。

陸軍きっての戦略家、石原莞爾の「満洲を日本の国力・軍事力の育成の大基盤にする」との構想に参謀本部がのり、満蒙（満洲と内モンゴル）をなんとかして領有するための策が練られます。同時に張作霖爆殺事件の失敗を繰り返さないため、あらかじめ新聞やラジオなどマスコミの協力もとりつけます（こんなところは学習しているのですね）。そして謀略は実行されました――関東軍が柳条湖付近で満洲鉄道を爆破して中国軍の攻撃であるといい、朝鮮からの軍も送り込み中国と一戦をまじえることになったのです。国内では、「満蒙は日本の生命線である」というスローガンをマスコミが盛んに宣伝すると、国民もだんだん勢いづいて大きなうねりが生まれます。やがて日本は、自分たちであやつれる満洲国を建国しようと動き出し、これが日中戦争へ、さらに太平洋戦争へとつながります。

「昭和がダメになったのはこの瞬間だ」。指導層のあるまじきやり口、でたらめな論功行賞、以後も繰り返されるメディアと一体化した国民的熱狂がもたらした〝この瞬間〟でした。

第三章は、満洲ではじまった戦争が激しさを増すなか、国内ではテロが続発、国外では日本の孤立が進みます。

満洲で戦争が激しくなるとともに、マスコミも扇動を加速させます。「戦争は、新聞を儲けさせる最大の武器」。外地での日本軍の勝利を派手に書き立てれば新聞は飛ぶように売れるため歯止めがかかりません。かつての半藤少年も「戦争ごっこ」の流行にのり、水雷艦長のあそびに興じた思い出を告白しています。

自衛戦争といいながら満洲侵略を進める日本に、中国の反発は高まり、それまで好意的だったアメリカからも不信を表明されます。国際世論が批判に傾くと、軍部は世界の目をそらすために上海でまたもや事件を起こしました。しかし天皇の憂慮をくんだ政府が不拡大方針を決め、停戦協定にもちこみました。

すると血気にはやる青年将校や右翼は黙っていません。不平が高じてクーデタを次々に計画、五・一五事件では犬養毅首相が暗殺されました。テロの嵐に嫌気もさしたか、「君側の奸」の多くはへっぴり腰となりますが、侍従長の鈴木貫太郎だけは軍人が政治に口出しするのを批判します――これが軍部の反感をかったことも二・二六事件の遠因とみる著者は「物事とはこういうふうに裏に何かの意図があって、複雑に推移していくわけです」といいます。他のいくつもの場面で頷かれる指摘でしょう。やがて大事件となる動きが今も水面下で、たとえ一人の心のなかだけでも常に進んでいるのです。

ついに溥儀を皇帝に仕立て、日本だけが独立国と認める満洲国が生まれます。国際連盟は、現地を回ったリットン調査団の報告をもとに日本に満洲からの撤退を命じますが、反発するかたちで日本は国際連盟から脱退します。世界での孤立化です。これは以後、世界の情報の肝心な部分が入ってこなくなることを意味します。ここでも出来事自体の大きさ以上に、それがもたらす影響をおしはかることが不可欠なのですが、日本の指導層は、連盟脱退の真の怖さに思い及ばず、「自国の歴史をとんでもない方向へ引っ張って」いったのです。

第四章は、軍国主義への道をひた走るありさまが語られます。何が日本をそうさせたのか、同時代を生きていればわかりにくいものですが、後世から光を当ててじっくりみつめたいところです。

「非常時」の語が巷でしきりに用いられはじめた頃、国民を動員した大がかりな、じつは無駄な防空演習が関東の街を暗黒にして実施されました。なぜ無駄なのか——このお祭り騒ぎを諷刺した作家、永井荷風や信濃毎日新聞の桐生悠々の文章が引用されます。熱狂することなく冷静に世の動きを眺めていた人たちの言葉は、あらぬ方向に進む時流を浮き彫りにし、今なお似た愚行がなくならないことをも納得させるのです。なお、半藤さんの昭和史には永井荷風の日記や随想が折々に引用されます。信頼する作家のつぶやきは、語り手の気持ちを代弁する重要な役割を担っているのです。

さて、ここで大阪の街なかで起きた府警と陸軍のいざこざ、「ゴーストップ事件」のいきさつが挿まれている点に注意してください。面白く読むうちに、社会のちょっとした出来事が時代の空気や移り変わりを鮮やかに印象づけることに気づかされる演出です。

軍部では「統制派」と「皇道派」の争いが生じていました。敗戦まで続いたこの内輪もめによる悲劇はじっくり読んで頂くとして、注目したいのは各派閥の中心人物である永田鉄山や小畑敏四郎らの性格や経歴を詳しく描写している点です。どういう人がこういう意見をもつのか、あのような行動に及ぶのか。出身地の風土や環境、受けた教育や人柄は、思想や決断に影響します。「軍隊も人間がやっていることですから、ふつうの会社と同じなんですね、人が変わると政策も変わる。社員の気持ちも変わる」。著者がよく語っていた「歴史は人間がつくる」という言葉は、その人間がどうやってつくられるのか、への関心であったのではないでしょうか。そして過去を語りながら現代を語っていたのだと思います。

さらに、この頃に起こった「天皇機関説」「国体明徴」という、天皇の役割についての複雑な議論は、結果として日本の言論を一気に狭めました。心ある人が口を閉ざすようになった社会はどうなるでしょうか。

第五章は、二・二六事件の背景とあらまし、その後の影響をたどることで、事件の意味に迫ります。

皇道派の青年将校らが統制派との対立の果てに起こしたクーデタは、大きな犠牲を出しました。原因は単純ではありません。「たたかひは創造の父、文化の母」すなわち戦争こそがすべてを作るという超好戦的な主張で統制経済を唱え、しかし実行には移そうとしないエリート集団の統制派に、貧しい農村出身者が中心の皇道派は不満を募らせていました。そして日本の窮状を救うには軍部主導、すなわち武力による国家改造しかないと立ち上がったのです。天皇の側近である斎藤実内大臣、高橋是清蔵相らを殺害し、参謀本部や首相官邸など官庁を次々に襲って占拠した経緯が、時間を追って語られます。

新鮮なのは、政府や軍部を中心に男ばかりが登場する本書において、襲撃された要人の妻たちの勇気ある振る舞いがクローズアップされるところです。鈴木貫太郎の妻たかさんはじめ、彼女たちの腹のすわった言動に胸のすく読者も多いのではないでしょうか。現代にどんな教えとなりうるか、考えたいものです。

青年将校たちの意に反して天皇は事件を反乱とみなして激怒、早期終息を命じます。決起部隊のもくろみは、「玉を押さえる」つまり天皇を頭にいただいて「官軍」になるという明治維新の再現であり、ゆえに宮城を押さえることが目的でしたが、時代はすでに変わっていました。宮城占拠の失敗とともに、事件は終息に向かいます。

後に何が残ったか。「これ以後の日本はテロの脅しがテコになって、ほとんどの体制が軍の思うままに動いていくことになるのです」。大きすぎる負の遺産です。政治に介入する「伝家の宝刀」（とっておきの手段）を軍がにぎった国家のゆくえは――。

ところでシリーズを通していえることですが、著者がのちに当事者にインタビューした話や、また当時子どもだった著者自身の事件当日の印象は、リアリティやとぎれることのない歴史の継続を感じさせます。なお余談ながら、本書の語りを終えた翌年一月、半藤さんを案内役に編集者ら有志が集まり、二・二六事件ゆかりの地を半日かけて歩いたことがあります。今は閑静な公園となっている高橋是清が襲われた邸宅跡、日枝神社に近い反乱軍の司令部となった山王ホテル跡地など、約七十年を経て風景はがらりと変わったものの、現場に立てば頭で知ったこととは別の想像が生まれてくるものです。「結局、陸軍の歴史だったんだなあ」、歩き終えて半藤さんはしみじみとつぶやいていました。そういえば二月下旬に都心が雪景色になることもほとんどなくなり、こんなところからも地球温暖化を身をもって知ることができます。

第六章は、盧溝橋事件に端を発して日中戦争に入ってゆきます。

それに先立つ中国の西安事件を、日本は「対岸の火事」とみていました。しかしどっこい、内戦に明け暮れていた国民党と共産党がこれにより「抗日民族統一戦線」を結成、一致団結して日本に対抗する構えになります。その脅威を日本が理解せぬまま、コトは起こりました。

北京郊外の盧溝橋付近で演習していた日本の駐屯軍が銃撃を受けたのを、またも中国の仕業として日本軍が攻撃をはじめたのです。陰謀説もあって真相はいまだ不明ですが、ともかくこれを機に争いは日中戦争へと拡大してゆきます。事件の展開に合わせて、当時の世相や永井荷風ら知識人が世の中をどう見ていたかなどの〝脱線〟が時代を立体的に見せます。

小さな事件からはじまった日中戦争は、思わぬ拡大の一途をたどり、戦争を短期で終わらせる難しさが痛感されます。そして「南京大虐殺」の悲劇です。実態は今も明らかではないとはいえ、さまざまな証拠から、軍紀のゆるんでいた日本軍が大陸でよろしくないことをやったのは事実、と著者は述べます。一方、河北省の村で日本軍と村民自警団が仲良くなった〝いい話〃も紛れもない事実であり、戦争を多角的に考えさせるのです。さらに、当時、日本で出征兵士のお守りとして婦人たちが街頭で刺した「千人針」について、中国の八路軍が「日本軍隊の臆病で意志の弱いことの表れ」と観察していたという話も紹介されます。日本が外からそんなふうに見られていたのですね。見逃せない「こぼれ話」です。

やがて和平工作も失敗、やめる手段もタイミングも見つからず、近衛首相は言い放ちました、「蒋介石を対手にせず」と。愚策がつづき、目的も曖昧なまま泥沼化していく戦争状態に、国民も不安を募らせてゆきます。日本には暗雲がたちこめていました。

第七章は、まず海軍の動向のおさらいから。内部抗争のすえ、艦隊を整備して力を蓄えようとする強硬派（艦隊派）が、国際協調を重視する穏健派（条約派）を追い落とし、優秀な人材が地方に飛ばされていました。政治に口出ししはじめた軍人は、ワシントン軍縮会議からの脱退を米英に通告、超大戦艦の建造をはじめます。それにともなって国民の対米英感情も悪化の一途をたどりはじめました。近衛首相は、国民の徴用や物資の制限など、戦争をなしとげるためなら政府はどんなことも許されるという「国家総動員法」を公布し、軍国主義化に拍車がかかります。対外的には「日本がアジアの新しい秩序をつくる」と豪語にも似た「東亜新秩序声明」でアメリカの態度をますます硬化させ、日本の孤立が一層進みました。

ノモンハン事件はそんな時に起きました。満洲国とモンゴルの国境で、頻発していた小競り合いが日ソ両軍の大規模な国境紛争となったのです。日本軍は大敗を喫しますが、スターリンの思惑などからこの事件が一見して無関係に見える世界情勢に微妙な影響をもたらしたと知らされるあたりは、一篇の小説にでもなりそうです。

それにしても、近代的な最新鋭の戦車や銃砲を投入したソ連に、肉体と銃剣で立ち向かった日本軍が壊滅的にやられたのは当然とも言えます。しかし、著者がここで強調するのは、人の心の問題です。むやみに突撃を命令し続けた指揮官たちが、事件の反省点として「精神威力をますます拡充する必要がある」と結論づけたとは！ 意志の強さで戦争に勝てるのか⁉ この二年半後に太平洋戦争となるのです。「ノモンハン事件の本当の教訓はまったくかえりみられなかったと言っていい」と嘆く一方、この事件によって、指揮官たちが「これからは北に手を出すな。今度は南だ」と確信したとしか考えられない、と著者は推測します。このあと日本に悲劇をもたらす南進政策がはじまるからです。誤った思考をもとにいくら努力しても悲劇に手を貸すばかり。人の心がさまたげる「失敗から学ぶ難しさ」を強く感じます。過去の歴史が今をつくってきたのですから、今が未来をつくるわけです。一連の話は、「今、変えられることを変える勇気をもとう」というメッセージにも受け取れます。

第八章は、いよいよ第二次世界大戦が勃発します。それまでに日本は、ヒトラーから提案された「日独伊三国同盟」をめぐってもめていました。陸軍は世界大戦を見越し、勢いを増すドイツとの軍事同盟に賛成しますが、海軍は対米英協調派の山本五十六らが、独伊と結びつければ米英との関係をますます悪化させると反対します。

日中戦争の続く大陸では、イギリス租界でのいざこざに関してマスコミがイギリスを叩き、国内の反英感情が高まります。懸念したアメリカは日米通商航海条約の廃棄を通告してきました。もはや英米の反日はあらわです。そして国内は親独へと傾斜――ノモンハンの夏、歴史が大きく転換したことが見てとれます。影響は国民の生活にも及びはじめました。

「青少年がもてはやされる時代はよくない」と著者はふだんからよく話していました。おだてられた学徒は、やがて戦地に送り出されます。そんな時代の到来です。「パーマネントはやめましょう」の歌声とともに、「贅沢は敵」となりました。同時に、世界では原爆が、日本ではゼロ戦が、製造されていました。戦時体制は一気に進みます。ここでも熱狂に与することのなかった永井荷風の諷刺のきいた日記が光ります。

世界は動きをとめません。寝耳に水で、ヒトラーとスターリンが手を結んだという衝撃の報せが届きます。敵視するソ連と、すり寄ろうとしていたドイツが不可侵条約を結んだとは。視点を引いて世界を眺めると、日本がいかに情報不足で愚考と愚行をつづけていたかがイヤでも見えてきて、「時代の渦中にいる人間というものは、まったく時代の実像を理解できないのではないか」「(一市民も)疾風怒濤の時代にあっては、現実に適応して一所懸命に生きていくだけで、国家が戦争へ戦争へと坂道を転げ落ちているなんて、ほとんどの人は思ってもいなかった」――これは何も昭和日本だけの話ではないでしょうが。

注目せずにいられないのは、ここで引用されている、ポーランド侵攻を前にしたヒトラーの言葉です。「ドイツ東部国境における耐えがたい状況」に「私は力による解決を決意した」。今まさに起こっている戦争を想起させないでしょうか。たった一人の絶対的権力者の〝決意〟が何を引き起こすか。慄然とします。

ドイツのポーランド侵攻で第二次世界大戦がはじまりました。日本はどんなふうに巻き込まれてゆくのでしょう。続きは下巻にゆずります。

*

本編を読んで、要所要所に天皇が登場することに気づいた人も少なくないでしょう。著者は最晩年、長年の研究を振り返って「やはり昭和史の中心には天皇がある、と実感した」と話していました。この通史に取りくむなかで少しずつ積み重ねられ、たどりついた実感だと思います。本書に登場しない場面でも、天皇はこのときどういう立場で、何を思い、どういう発言につながったのかを想像し、また現代や昭和以前と比べながら読み直すと、他の国や時代と異なる昭和史の独特さが浮き彫りとなり、新たな発見につながるかもしれません。

昭和後半に学校生活を送った私の経験を話しますと、日本史は縄文時代にはじまって古代、中世……と、歴史の学習に慣れるのに手間どりながら、授業時間はどんどん過ぎていった覚えがあります。中学時代、「カメ」のあだ名で親しまれた社会科の先生が、毎回手書きのプリントを配って自身の言葉で語ってくれた授業だけが印象に残っています。平安から室町時代がとくに興味深く、大河ドラマも進んで見るようになりました。ただ年度末になると、一学期のしわ寄せか時間切れで、昭和や戦争について習ったのか、とんと記憶にありません。いつしか日本史とは縁のない進路にすすみました。

編集の仕事に携わり、本書のもととなる著者の講義を初めて聴いたときの衝撃は忘れもしません。事は原因があって起こる。年号と人名を覚えるくらいで、「点」でしかなかった出来事が、「線」でつながったのです。歴史は因果関係で織りなされていくと遅まきながら実感したあの日、「歴史」が目の前で展開してゆくさまに全身の細胞がおどるようでした。

昭和戦前史は悲惨なことの連続です。知るほどに嘆きたくもなります。それでも、自国の歩みを知ることの大切さ、また何より学ぶことの楽しさは、他に代えがたいものです。反面教師となる過去の歴史は現代史でもあります。本書で昭和史を自身に置き換えて考え、未来に生かしてほしい、著者はそう望んだに違いありません。

下巻は、日本が太平洋戦争を決断し、敗戦へと向かう過程をたどります。開戦はなぜ避けられなかったのか、文字の奥に目をこらせばさまざまな原因に気づくことでしょう。

関連年表

時代	年	内閣総理大臣	日本のできごと（＊は外国情勢）
江戸	嘉永六（一八五三）		ペルリが黒船で浦賀来航
	慶応元（一八六五）		開国を決める
	四（一八六八）		明治維新（明治元年）、五箇条の御誓文
明治	明治九（一八七六）		海軍兵学校設置
	十一（一八七八）		参謀本部設置
	十六（一八八三）		陸軍大学校設立、予備役・後備役をおく
	十八（一八八五）	伊藤博文	内閣制度制定、伊藤博文が初代総理大臣となる
	二十二（一八八九）	山県有朋	大日本帝国憲法発布、立憲政治の発足
	二十七（一八九四）	伊藤博文	日清戦争（〜二十八）
	三十三（一九〇〇）	山県有朋	義和団事件〈北清事変〉で中国に出兵
	三十五（一九〇二）	桂太郎	日英同盟締結
	三十七（一九〇四）		日露戦争（〜三十八）
	四十（一九〇七）	西園寺公望	日本の満洲経営はじまる
	四十三（一九一〇）	桂太郎	日韓併合
	四十四（一九一一）	西園寺公望 （桂太郎、山本権兵衛）	＊辛亥革命（中国）
大正	大正三（一九一四）	大隈重信	第一次世界大戦起こる（〜七）
	四（一九一五）		対華二十一カ条の要求を出す
	六（一九一七）	寺内正毅	＊ロシア革命
	八（一九一九）	原敬	＊五・四運動（中国）、ヴェルサイユ条約調印（パリ）

時代	年	首相	事項
大正	九(一九二〇)		＊国際連盟発足
	十(一九二一)	高橋是清	芥川龍之介が中国を旅行
	十一(一九二二)	加藤友三郎	ワシントン軍縮条約調印、日英同盟廃棄
	十二(一九二三)	(山本権兵衛、清浦奎吾、加藤高明)	関東大震災
	十五(一九二六)	若槻礼次郎	＊北伐開始(中国)
昭和	昭和三(一九二八)	田中義一	張作霖爆殺事件(満洲某重大事件)／パリ不戦条約調印／石原莞爾が関東軍赴任、「満蒙問題」に関して次々提案
	四(一九二九)	浜口雄幸	映画『大学は出たけれど』封切、流行語となる／＊ウォール街株式市場が大暴落
	五(一九三〇)		ロンドン海軍軍縮条約
	六(一九三一)	若槻礼次郎(第二次)	中村震太郎大尉、中国軍に虐殺される／満洲で万宝山事件起こる／満洲事変(柳条湖事件)起こる／チチハル占領
	七(一九三二)	犬養毅 斎藤実	錦州占領／山海関に進出／上海事変／井上準之助、団琢磨暗殺(血盟団事件)／満洲国建国／上海事変停戦調印／五・一五事件／愛郷塾が東京の発電所を襲う／リットン調査団報告、国際連盟が日本の満洲からの撤退勧告
	八(一九三三)		小林多喜二の死／国際連盟脱退、「栄光ある孤立」へ／大阪でゴーストップ事件起こる／関東地方防空大演習行なわれる／出版法、新聞法改正／海軍から良識派が去りはじめる
	九(一九三四)	岡田啓介	林銑十郎が陸相、永田鉄山が軍務局長になり陸軍強化／溥儀、正式に満洲国皇帝となる／陸軍パンフレットが頒布される／超大戦艦建造の命令が軍令部から建艦部に出される／ワシントン軍縮条約廃棄決定

昭和		
十(一九三五)		天皇機関説問題起きる／国体明徴声明発表／永田鉄山暗殺(相沢事件)
十一(一九三六)	広田弘毅	二・二六事件／軍部大臣現役武官制復活／不穏文書取締法、日独防共協定調印／「大日本帝国」の呼称決定／＊西安事件により中国は抗日民族統一戦線へ
十二(一九三七)	林銑十郎 近衛文麿	盧溝橋事件、日中戦争はじまる／南京陥落
十三(一九三八)		トラウトマンの和平工作打ち切り／「蔣介石を対手にせず」の近衛首相声明／国家総動員法成立／「東亜新秩序声明」発表／漢口陥落で旗行列、提灯行列が続く／＊ドイツでウランの核分裂実験成功
十四(一九三九)	平沼騏一郎 阿部信行	三国同盟締結をめぐり五相会議が盛んに開かれる／零戦が誕生／国民精神総動員委員会が設置され「生活刷新」を推進／満蒙開拓青少年義勇軍計画の発表／「青少年学徒に賜りたる勅語」発表／山本五十六が遺書「述志」をしたためる／ノモンハン事件／天津事件で日本は英仏租界を隔離、反英運動盛んに／＊スターリンがヒトラー宛ての手紙で独ソ不可侵条約を承諾／アメリカが日米通商航海条約廃棄を通告／＊アインシュタインが原爆製造に関してルーズベルトに手紙を送る／山本五十六が連合艦隊司令長官に赴任、海軍中央を去る／＊ドイツのポーランド侵攻、第二次世界大戦起こる／「創氏改名」(朝鮮戸籍令改正)
十五(一九四〇)	米内光政 近衛文麿 (第二次)	「不敬」な芸名など改名、七・七禁令発布、「産めよ殖やせよ」と叫ばれる／＊オランダ降伏、ブリュッセル陥落、ダンケルクの奇蹟でドイツの大勝利、パリ占領／ヒトラー特使シュターマー来日、松岡洋右らと会談／日本軍が北部仏印に武力進駐／＊イギリスはチャーチルのもと、独軍からの本土防衛成功／アメリカが屑鉄の日本輸出禁止／日独伊三国軍事同盟調印／ダンスホール閉鎖／紀元二六〇〇年の大式典催される／

昭和		
十六（一九四一）	近衛文麿 （第三次） 東条英機	ウォルシュ、ドラウト両神父「日米国交打開策」を携え来日／海軍出師準備実施／海軍国防政策委員会設置 松岡洋右外相訪欧、ヒトラーと会談、モスクワでスターリンと日ソ中立条約調印／野村吉三郎大使がアメリカ赴任、「日米諒解案」作成／＊ドイツがソ連に進攻／第一回御前会議開かれる／アメリカが在米日本資産凍結／日本軍が南部仏印進駐／アメリカが対日石油輸出全面禁止を通告／関東軍特種大演習で満洲に兵力を集中／第二回御前会議開かれる／第三回御前会議で対米開戦決意／アメリカが甲乙案拒否、「ハル・ノート」届く／第四回御前会議開かれる／「ニイタカヤマノボレ」の開戦命令／真珠湾攻撃、太平洋戦争開戦／マレー沖海戦、イギリス東洋艦隊撃沈、香港攻略／超大戦艦大和竣工
十七（一九四二）		マニラ占領、シンガポール攻略／アメリカによる東京初空襲／日本文学報国会結成／ミッドウェー海戦で大敗
十八（一九四三）		＊ルーズベルトとチャーチルがカサブランカで会談／ガダルカナル島奪取される／「撃ちてし止まむ」の決戦標語できる／山本五十六戦死／アッツ島玉砕／＊イタリア無条件降伏／学徒出陣はじまる／＊カイロ会談
十九（一九四四）	小磯国昭	＊ノルマンディー上陸作戦開始／インパール作戦惨敗／サイパン島陥落／学童疎開はじまる／神風特別攻撃隊初出撃／連合艦隊フィリピン沖でほぼ全滅
二十（一九四五）	鈴木貫太郎	＊ヤルタ会談／「本土決戦完遂基本要綱」決定／硫黄島での敗退／東京大空襲で下町が大被害／九州坊ノ岬沖で大和隊が壊滅／日ソ中立条約廃棄の通告／＊ルーズベルト死／＊ムッソリーニ銃殺。ヒトラー自殺、ドイツ降伏／天皇倒れる／沖縄潰滅／国民義勇兵役法が議会通過、竹槍訓練盛んに／ソ連に和平交渉の仲介を願い出る／ポツダム宣言が日本に

東久邇宮稔彦王

届く／広島・長崎に原爆投下／ソ連が満洲に侵攻／御前会議開かれポツダム宣言を受諾、終戦の詔書／マッカーサー来日、ミズーリ艦上での降伏文書調印

参考文献

芥川龍之介『支那游記』……………………………………………………………筑摩書房
石川信吾『真珠湾までの経緯』………………………………………………時事通信社
伊藤隆ほか編『牧野伸顕日記』………………………………………………中央公論社
今村均『今村均大将回想録』…………………………………………………自由アジア社
宇垣一成『宇垣一成日記』(全3巻)……………………………………………みすず書房
宇垣纏『戦藻録』………………………………………………………………………原書房
岡田啓介(述)『岡田啓介回顧録』……………………………………………毎日新聞社
岡村寧次『岡村寧次大将資料』……………………………………………………原書房
小川平吉『小川平吉関係文書』(全2巻)………………………………………みすず書房
木戸日記研究会編『木戸幸一日記』(上下)………………………………東京大学出版会
木下道雄『側近日誌』………………………………………………………………文藝春秋
黒羽清隆『日中15年戦争』(全3巻)…………………………………………………教育社
軍事史学会編『大本営陸軍部戦争指導班機密戦争日誌』(全2巻)……………錦正社
児島襄『天皇』(全5巻)……………………………………………………………文藝春秋
近衛文麿『平和への努力』……………………………………………………日本電報通信社
近衛文麿『失はれし政治』……………………………………………………………朝日新聞社
佐藤尚武『回顧八十年』……………………………………………………………時事通信社
参謀本部編『杉山メモ』(全2巻)……………………………………………………原書房
重光葵『昭和の動乱』(全2巻)……………………………………………………中央公論社
嶋田繁太郎『嶋田繁太郎日記』………………………………………………………〔未刊行〕
勝田龍夫『重臣たちの昭和史』(全2巻)…………………………………………文藝春秋
高橋正衛『二・二六事件』…………………………………………………………中央公論社
高松宮宣仁親王『高松宮日記』(全8巻)…………………………………………中央公論社
角田順『石原莞爾資料』(全2巻)……………………………………………………原書房
寺崎英成(記録)『昭和天皇独白録』………………………………………………文藝春秋
東郷茂徳『時代の一面』………………………………………………………………改造社
永井荷風『断腸亭日乗』(全7巻)……………………………………………………岩波書店
南京戦史編集委員会『南京戦史』(全2巻)…………………………………………偕行社
野田六郎『侍従武官野田六郎終戦日記』「歴史と人物」…………………………中央公論社
畑俊六『陸軍畑俊六日誌』………………………………………………………みすず書房
浜口雄幸『随感録』……………………………………………………………………三省堂
原田熊雄(述)『西園寺公と政局』(全9巻)………………………………………岩波書店
東久邇稔彦『東久邇日記』……………………………………………………………徳間書店
細川護貞『細川日記』(全2巻)……………………………………………………中央公論社
本庄繁『本庄日記』……………………………………………………………………原書房
矢部貞治『近衛文麿』(全2巻)…………………………………近衛文麿伝記編纂刊行会
読売新聞社編『昭和史の天皇』……………………………………………………読売新聞社
若槻礼次郎『古風庵回顧録』………………………………………………………読売新聞社

わ行

は行

ま行

ら行

ら行

わ行

事項索引（じこうさくいん）

あ行

か行

～人名索引　は行

ま行

や行

な行

は行

…▶

半藤先生の「昭和史」で学ぶ非戦と平和

戦争の時代 1926~1945〔上〕 索引

・本文、解説にあらわれた主な人名と事項名を五十音順に並べました。
・人名は原則として姓、名の順に表記しています。
・文中に同じ意味の語句がある場合、「⇒」で参照しました。
・文中で使われている事項名に異なる表記がある場合、「→」で参照しました。

人名索引

あ行

半藤一利（はんどう・かずとし）
1930年、東京生まれ。東京大学文学部卒業後、文藝春秋入社。「週刊文春」「文藝春秋」編集長、取締役などを経て作家。著書は『日本のいちばん長い日』『漱石先生ぞな、もし』（正続、新田次郎文学賞）、『ノモンハンの夏』（山本七平賞）、『「真珠湾」の日』（以上、文藝春秋）、『幕末史』（新潮社）、『B面昭和史 1926－1945』『世界史のなかの昭和史』（以上、平凡社）など多数。『昭和史 1926－1945』『昭和史 戦後篇 1945－1989』（平凡社）で毎日出版文化賞特別賞を受賞。2015年、菊池寛賞を受賞。2021年1月12日永眠。

半藤先生の「昭和史」で学ぶ非戦と平和

戦争の時代 1926-1945 上

満洲事変、二・二六事件、日中戦争

発行日　2023年4月19日　初版第1刷

著者　半藤一利
発行者　下中美都
発行所　株式会社平凡社
〒101-0051 東京都千代田区神田神保町3-29
電話　03-3230-6579（編集）
　　　03-3230-6573（営業）
平凡社ホームページ　https://www.heibonsha.co.jp/
印刷・製本　株式会社東京印書館
編集協力　山本明子
装幀　木高あすよ（株式会社平凡社地図出版）
DTP　有限会社ダイワコムズ

ISBN978-4-582-45461-1